Das Griese Gegend Kochbuch

– Zwischen Klump und Boddermelksäten –

Sylvia Mohn

ISBN 978-3-86037-465-8

1. Auflage

©2011 Edition Limosa GmbH
Lüchower Straße 13a, 29459 Clenze
Telefon (0 58 44) 97 11 63-0
Telefax (0 58 44) 97 11 63-9
mail@limosa.de, www.limosa.de

Redaktion:
Sylvia Mohn

Lektorat:
Ulrike Kauber

Satz und Layout:
Christin Stade, Zdenko Baticeli, Lena Hermann

Korrektorat:
Karin Monneweg

Unter Mitarbeit von:
Beatrice Kruse, Britta Arndt

Medienberatung:
Magdalena Jauert

Gedruckt in Deutschland.

Sylvia Mohn

DAS GRIESE GEGEND
KOCHBUCH

Zwischen Klump und Boddermelksäten

Hagenow

321

Wöbbelin

Kuhstorf · Jasnitz

Neustädter See

106

Neustadt-Glewe

5 · Groß Krams · Picher

Kummer

Ludwigslust

Alt Krenzlin

Lübtheen · Loosen · Karstädt

5

Leussow · Glaisin

Grabow

Alt Jabel · 191

Malliß · Eldena

MECKLENBURG-
VORPOMMERN

Neu Kalliß

Mecklenburg
Vorpommern

Griese Gegend

Elbe · 195

Dömitz

NIEDERSACHSEN

BRANDENBURG

Inhaltsverzeichnis

Wenn nicht anders vermerkt, sind alle Rezepte für vier Personen ausgelegt.

Weiden in der Griese Gegend

Mudder Waus ut Loosen

Mudder Waus, so wurde uns Kindern immer erzählt, ist eine alte Frau, die im Wald Richtung Belsch wohnt. Wenn die Kinder aus Loosen ungezogen waren und ihren Eltern nicht gehorchen wollten, sollte Mudder Waus mit einem Holzschlitten, der von Hunden gezogen wurde, kommen und sich die Kinder in den Wald holen.

Lügenbrücke im Schlosspark Ludwigslust

Geschichten und Erzählungen

Blüte, ganz nah ...

Über die Autorin

Sylvia Mohn ist in Ludwigslust aufgewachsen, hat Schrift- und Grafikmalerin gelernt und ist seit 1985 in der Gastronomie tätig. Und gerade in dieser ist Kreativität gefragt. Sylvia Mohn beschäftigt sich seither mit der Mecklenburger Küche und steht auch selbst dort am Herd.

Seit Mai 1998 leitet sie die Gaststätte & Pension »Zum Forsthof« in Glaisin mitten in der Griesen Gegend.

Und im Schloss von Ludwigslust betreibt sie gemeinsam mit ihrer Tochter Beatrice Kruse das Ludwigsluster Schloss-Café im Jagdsaal. Gäste aus Nah und Fern werden hier mit selbst gebackenen Kuchen und Torten verwöhnt.

»Mecklenburger Gastlichkeit erleben«, das ist ihr Leitspruch.

Forsthofensemeble mit Kulturscheune,
Viehhaus und Forsthaus Glaisin

Der Wind, das himmlische Kind ...

Gedanken vor dem Schreiben ...

»... ein Kochbuch von der Griesen Gegend, das wird schwierig«, habe ich gedacht. Aber warum nicht?

Die Griese Gegend – die Region um Hagenow und Ludwigslust – hat minderwertigen Boden, daher bietet sich der Anbau von Kartoffeln an. Das haben die Bauern schon früh erkannt und sie haben sich mit der Kartoffel auseinandergesetzt. So findet sich die Kartoffel mit ihren verschiedensten Sorten in jeder Küche wieder. Ob als Suppe, als Beilage zum Hauptgang oder im Nachtisch, zum Beispiel als Kartoffeleis. Selbst Kartoffelkuchen wurden kreiert. Die Möglichkeiten haben keine Grenzen.

Hausschlachtungen haben den deftigen Teil dazu geliefert. In der Not war man sehr erfinderisch, aus nichts etwas Gutes zu zaubern, um die Familien satt zu bekommen. Auch heute steht die Kartoffel noch an erster Stelle. Die Bratkartoffel schmeckt immer noch lecker. Und neue Ideen wie Kartoffelpizza oder Kartoffelroulade laden zum Ausprobieren ein.

Aber bei uns wachsen nicht nur Kartoffeln. Ludwigslust hat das größte Anbaugebiet der »Zitrone des Nordens«, des Sanddorns. Auf mehr als 110 Hektar wird die kleine, vitaminreiche Frucht biologisch kontrolliert angebaut. Der Sanddorn hat kleine, gelb-orange Früchte, deren Vitamingehalt siebenmal höher ist als der der Zitrone. Geerntet werden die Früchte im September. Der Sanddorn hat den Einzug in die Küche geschafft, besonders im Dessertbereich lassen sich köstliche Sahnespeisen und Eiskreationen zaubern.

Und da ich selber gerne koche und viele Gäste verwöhnen darf, warum nicht ein Buch mit Rezepten aus unserer Gegend? Traditionelle und auch abgewandelte Re-

Schild »Zum Forsthof«

zepte müssen es sein, die sich auch nachkochen lassen. Wo vielleicht auch Erinnerungen daran hängen, Rezepte die Spaß bringen und Lust zum Nachkochen machen. Rezepte, die kreativ sind und auf regionale Produkte aufmerksam machen. Viele Gedanken gehen einem durch den Kopf. ... Also gut, ein Kochbuch von der Griesen Gegend.

Aber nur Rezepte? Nein, es soll ein regionales Kochbuch werden. Der Leser soll neugierig auf unseren Landstrich werden, wenn er das Buch geschenkt bekommt. Und wer schon hier war, soll gerne noch mal darin blättern zur Erinnerung.

So wird es gemacht! Ein Buch mit alten und neuen Rezepten, mit Geschichten auch auf Plattdeutsch, Erzählungen, Anekdoten und Gedichten. Aber was wäre ein Buch von der Region ohne schöne Bilder? Auch diese gehören dazu. Frühling, Sommer, Herbst und Winter – die Griese Gegend – Land und Leute in den vier Jahreszeiten. Und es muss gelb aussehen, wie die Rapsfelder in ihrer schönsten Blüte.

Nach einem Aufruf an alle Einwohner in der Griesen Gegend, über Flyer und über die Tagespresse, konnte es losgehen. Viele Rezepte kamen zusammen, eine große Vielfalt an neuen und alten. Einige mussten umgeschrieben werden, da früher oft nur die Zutaten notiert wurden. Alle enthaltenen Rezepte sind für vier Personen ausgelegt. Und am Ende des Buches befinden sich Begriffserläuterungen, Abkürzungen, Mengen und Gewichte zum Nachschauen.

Ich wünsche Ihnen beim kulinarischen Entdecken der Griesen Gegend viel Freude.

Sylvia

Sylvia Mohn

Das Autorenteam Sylvia Mohn (sitzend) und Beatrice Kruse

Ein Dankeschön ...

dass dieses Buch entstehen konnte, verdanke ich dem Limosa Verlag. Sie hatten die Idee. Diese umzusetzen, dafür möchte ich mich ganz besonders bei meiner Tochter Beatrice bedanken. Ohne ihre Hilfe und Unterstützung wäre dieses Buch nicht entstanden.

Ich möchte mich auch auf diesem Wege herzlich bedanken bei all denen, die in Schubladen und Bücherregalen nach alten Rezepten gestöbert haben und die uns ihre Lieblingsrezepte zur Verfügung gestellt haben, damit wir sie veröffentlichen dürfen:

– Marianne Scharfenorth (Neustadt-Glewe)
– Sven Kolberg (Schwerin)
– Klaus-Peter Kolberg (Hagenow)
– Angret Ahrendt (Conow)
– Luise von Krottnauer (Hamburg)
– Roland Engel (Kummer)
– Rita Franz (Neu Krenzlin)
– Restaurant »De oll Doerpschaul« (Rosenow)
– Inge Prüter (Ludwigslust)
– Jürgen Rogge (Lübzow)
– Rene Mattolat (Glaisin)
– Ilse Husfeldt † (Kuhstorf)
– Julia Schult (Warlow)
– Tobias Klüß (Ludwigslust)
– Heruth & Wegert Sanddornspezialitäten (Ludwigslust)
– Inge Mohn (Ludwigslust)
– Rita Klüß (Ludwigslust)
– Vera Festner (Klein Krams, Ausbau)
– Ingwelde Friel (Glaisin)
– Valerie Stelzner (Ludwigslust)
– Brigitte Scheithauer (Eldena)
– Sybille Borchert (Lübesse)

Amelie beim Melken

Bedanken möchte ich mich auch ganz herzlich bei den Geschichten- und Gedichte-Schreibern:

– Christel Scholz aus Ludwigslust (früher aus Kummer) für ihre schönen Geschichten und Verteller up platt. Viele persönliche Gedanken und Erinnerungen sind darin versteckt.
– Uwe Antes, Metzgermeister aus Ludwigslust, für sein Kartoffelwurst-Gedicht. Ein Original wie er passt in die Griese Gegend.
– Hartwig Wedemeyer aus Salzhausen, ehemaliger Forstlehrling bei uns in der Griesen Gegend.
– Hartmut Brun aus Polz. Er ist der Vorsitzende der Johannes Gillhoff Gesellschaft.

Die wunderschönen Bilder wurden fotografiert von:
– Dan Keibel (Liepe)
– Roswitha Rabe (Ludwigslust)
– Magdalena Jauert (Ludwigslust)
– Matthias Friel (Glaisin)
– Familie Erdmann (Conow)

11

Forsthofensemble mit Streuobstwiese

*Auch heute noch wird
im Backhaus frisches Brot und Kuchen gebacken.*

Griese Gegend

Von Hartmut Brun, Polz

Sie liegt etwa zwischen der Elbe im Süden und der Berlin-Hamburger Autobahn im Norden und findet seitliche Begrenzung durch die Müritz-Elde-Wasserstraße und Sude. Die Städte Hagenow, Grabow und Dömitz ducken sich vorsichtig am Rand, nur Lübtheen und Ludwigslust liegen mittendrin. Das Land in Dunkelgrün und Grau prägte seine Menschen. Es sind stille Menschen in einem stillen Land. »In ihren eckigen Köpfen ist viel Klugheit. Langsam im Denken, Reden und Handeln, erwarten sie nichts vom Augenblick, halten aber zäh an dem fest, was sie sich einmal vorgenommen haben«, sagte einst Johannes Gillhoff.
Gelassenheit zeichnet sie ebenso aus wie Bedächtigkeit, auch ein wenig Misstrauen gegenüber jedem Fremden. Ihre Freundschaft gewinnt man schwer, wenn aber, bleibt sie beständig.

Die Griese Gegend ist eine ehemalige Heidelandschaft mit tiefsandigen Wegen, großen Kiefernforsten, schmalen Feldstreifen, großen Dörfern, aber kleinen Höfen und süd- und südwestwärts sich hinziehenden flachen Talungen mit Wiesen und Weiden. Der Boden besteht überwiegend aus Sand, wenn man von den moorigen Niederungen und einigen wenigen kleinen Inseln mit sandigem Lehm oder lehmigem Sand absieht. Die Oberflächengestalt ist das Ergebnis eiszeitlicher Einflüsse. Gewaltige Schmelzwassermengen flossen dem Elburstromtal zu und hinterließen eine Ebene, aus der nur die Plateaus von Warlow-Picher und Bockup-Conow-Malliß herausragen.

Höhenzüge grenzen das Elbtal ab, gestatten aber Durchlässe für die in den Fluss sich entwässernde Elde, Sude, Löcknitz und Rögnitz. Sie ist das Gebiet Mecklenburgs mit dem Niederschlags-Maximum. Gerade die Wasser sind es, die im Laufe der Entwicklung den Boden ausgewaschen haben, der dabei seiner natürlichen Nährstoffe beraubt wurde. Die obere Schicht erhielt eine graue Farbe. Der Sand ist für die Bewohner der »schwerste Boden« überhaupt, denn er bleibt gleich liegen und klebt

Radfahrer am Reuterstein

nicht am Stiefel des Bauern. Der Ursprung des Namens Griese Gegend wird auf die Farbe des Bodens zurückgeführt, die dem Aussehen nach grau bis aschgrau ist. Demnach ist Griese Gegend gleich Graue Gegend. Gries ist im Niederdeutschen auch ein Ausdruck für arm und karg. Der leichte Sandboden ließ keine hohen Ernteerträge erwarten. Die Region galt als arme Gegend.

Die Ersterwähnung in der Literatur verdankt die Griese Gegend aber der selbstgefertigten grauen Kleidung der Bewohner. Die Männer aus dem Südwesten zogen noch um 1860 bis etwa 1870 wegen der wenig anfallenden Arbeit in ihren Heimatdörfern während der Erntezeit auf die großen Güter Mittel- und Ostmecklenburgs. Dort fielen die Erntehelfer durch ihre ungefärbte schlichte Kleidung auf und unterschieden sich von der allgemein vorherrschenden blauen oder schwarzen Arbeitstracht. Sie wurden die »Griesen« genannt, die natürlich aus der Griesen Gegend kamen. Es bedarf schon des Verständnisses, der Hingabe, um die Region lieb zu gewinnen, die in der Hauptsache bis heute ein Bauernland mit eigenständigen Sitten und Bräuchen geblieben ist.

Alte Traditionen verkörpert auch die Baukultur. Auf den Höfen herrscht das Niederdeutsche Hallenhaus vor. Die Häuser wurden mit reich verzierten Giebeltrapezen errichtet. Eine Besonderheit gibt es noch: Kaum in einer anderen Landschaft deutschen Sprachgebietes finden sich Bauwerke solcher Einzigartigkeit wie die Glockentürme und die Friedhofsmauer in Ludwigslust oder die Bauernstellen und Büdnereien in Bresegard, Glaisin und Strohkirchen. Hier fand der Klump Verwendung beim Bau von Mauern und Häusern. Diese charakteristischen Bauten prägen die Griese Gegend und machen sie zusätzlich reizvoll. Der Klump, der zur Ausfüllung des Fachwerks diente und dem Gebäude ein unverwechselbares Muster verlieh, ist Raseneisenstein, Eisenerz also, das reichhaltig in den torfig-feuchten Niederungen und Bachtälern nahe der Oberfläche vorkommt. So lockt die Griese Gegend erhaben mit ihrer herben Schönheit: den stillen Wäldern in der grauen Ebene, in der im Herbst rosa das Heidekraut blüht, den Mooren mit Wollgras und Preiselbeeren, den Erlenbrüchen und Eichenhorsten. Schwermütige Düneneinsamkeit lädt ein zum Wandern und Verweilen.

Waldrand bei Karenz

Frisch geräucherte Forelle

3 TL Gurkeneinmachgewürz	
1 l Wasser	und
80 g Salz	zusammen aufkochen, erkalten lassen.
4 Forellen (küchenfertig)	in eine Schale oder einen Beutel geben und mit der Flüssigkeit übergießen. Über Nacht stehen lassen und am nächsten Tag gut abtrocknen. Den Räucherofen auf 80 °C aufheizen lassen, Fische auf die Räucherhaken hängen und 30 Minuten im heißen Rauch hängen lassen. Danach die Temperatur drosseln und noch einmal 30 Minuten im kalten Rauch räuchern.

Dazu schmeckt frisches Schwarzbrot und frisch geriebener Sahnemeerrettich.

Gras in der Heide

Alte Elde

Gefüllte Champignons

8 große Champignons »Füller«	Stiel entfernen, mit einem kleinen Löffel auskratzen und in eine Auflaufform geben, etwas Wasser angießen, so dass der Boden bedeckt ist.
100 g Hackfleisch	mit
Salz, Pfeffer	und
Knoblauch	nach Geschmack würzen. Die Hackmasse in die Champignons füllen und mit
150 g Gouda (oder Butterkäse)	belegen und im Backofen bei 180 °C backen.

Die gefüllten Champignons schmecken sehr gut zu einem frischen Tomaten-Rucola-Salat.

15

Weißkrautsalat

1 kg Weißkohl (fein geraspelt)	
100 g Zucker	
50 g Salz	
5 TL Essig	
1 l Mineralwasser	alle Zutaten miteinander mischen, Gewürze nach eigenem Empfinden verwenden, er muss süß-sauer abgeschmeckt werden.

Typisches Reetdach auf dem Viehhaus Glaisin

Löwenzahnsalat mit Knoblauch-Croûtons

Der Löwenzahnsalat

100 g Löwenzahnblätter	halbieren, in eine Schüssel geben.
2 EL Weinessig	
1 TL Salz	
½ TL schwarzer Pfeffer	
4 EL Rapsöl	miteinander verrühren und zu dem Löwenzahn geben. Dazu schmecken knusprige Knoblauch-Croûtons:

Die Knoblauch-Croûtons

2 Scheiben Weizenbrot	würfeln.
2 Knoblauchzehen	fein hacken.
2 EL Butter	in einer Pfanne erhitzen. Das Weißbrot mit dem Knoblauch dazugeben und anrösten.

16

Gratinierte Pfeffertomaten

4 große Fleischtomaten	in Scheiben schneiden und auf 4 backofenfeste Teller verteilen.
200 g Pfefferkäse (z.B. Goldschmidt)	in Scheiben schneiden, auf den Tomaten verteilen und unter dem Backofengrill den Käse schmelzen lassen.
4 Scheiben Weizenbaguette	im Toaster anrösten und dazu servieren.

Junge Nachkommen im Schnee

Maisplätzchen

Vom Ludwigsluster Schloss-Café

160 g Mais (aus der Dose)	abtropfen lassen. Aus
60 g Mehl	
2 Eier	einen Pfannkuchenteig herstellen, gegebenenfalls mit etwas Abtropfwasser verdünnen. Mit
Salz, Pfeffer	würzen, dann die Maiskörner dazugeben.
2 EL Pflanzenöl	in einer Pfanne erhitzen und kleine Pfannkuchen ausbacken.
500 g Quark	mit
3 EL Milch	
frische Kräuter (gehackt)	und
Salz, Pfeffer	verrühren. Zu den Maisplätzchen servieren und mit frischem Salat garnieren.

17

Verschneiter Schlossplatz in Ludwigslust

Waschtag

Von Christel Scholz, Ludwigslust

Heute gibt es ja nun schon die vollautomatischen Waschmaschinen und zum Trocknen den Wäschetrockner. Du brauchst nur noch die Wäsche in die Maschine zu stecken und den richtigen Knopf drücken. Alles andere erledigen die Maschinen. Hast Du so einen Wäschetrockner, brauchst Du vieles sogar gar nicht mehr bügeln. Das Einzige, was Du noch musst, ist die Wäsche vorsortieren in Kochwäsche, Buntwäsche, Feinwäsche und Wollsachen. Kriegst Du nämlich so einen Wollpullover mit in die Kochwäsche, hast Du nach dem Waschen von dem XL-Pulli nur noch einen Kinderpullover.

Einen richtigen Waschtag wie früher gibt es doch heute nicht mehr. Etwas dreckige Wäsche, Waschmaschine anstellen und fertig – ist das reinste Kinderspiel! Wenn ich da so an früher denke, oh ja, das war wirklich noch ein »Waschtag«! Dann wurde auch nicht viel gekocht, dafür war gar keine Zeit. Es gab was vom Tag vorher oder etwas ganz Einfaches zu essen.

18

Ludwigsluster Kanal

Bauerngehöft in Neu Grebs

Am Tag vorher wurde die große Wäsche (Bettwäsche, Tischwäsche, Handtücher und so weiter) eingeweicht. Auf dem Dorf, da war auf jedem Hof eine extra Waschküche mit einem großen, fest eingebauten Waschkessel und Holzbottichen. In dem Waschkessel wurde auch beim Schweineschlachten das Brühwasser gekocht. Und im Herbst wurde in dem Kessel das Pflaumenmus gegart. Das war Großvaters Arbeit, da stand er den ganzen Tag und rührte das Pflaumenmus, damit es nicht anbrannte. Aber ich wollte ja vom Waschtag erzählen.

Also die eingeweichte Wäsche wurde aus der Lauge genommen, ausgewrungen und dann im Kessel vorgekocht. Inzwischen kam die kleine Wäsche (Unterwäsche, Buntwäsche, Taschentücher) an die Reihe. Wir hatten einen schönen runden Waschbottich mit Füßen. Da hinein kam das heiße Wasser und Waschpulver und natürlich die Rubbel (Waschbrett). In dem oberen Fach der Rubbel war ein Stück Kern- oder Schmierseife und eine Bürste. Ja, und dann ging es los: Die Wäsche wurde auf dem Brett gerubbelt, die Flecken mit Seife und Bürste bearbeitet und immer wieder gerubbelt, bis sie sauber war.

Das war eine schweißtreibende Arbeit und ging ganz schön auf die Arme. Danach wurde die Wäsche im kalten Wasser gespült, bis das Wasser klar blieb, das heißt, so drei- bis viermal wurde gespült. Wenn die große Wäsche richtig durchgekocht war, kam sie heraus und wurde auch noch einmal auf der Rubbel gewaschen. In der Vorkochlauge wurden dann die Handtücher oder das ganz schmutzige Arbeitszeug vorgekocht. Wer es mit der weißen Wäsche ganz genau nahm, der kochte sie noch einmal in frischer Lauge nach.

Ich erinnere mich auch noch an einen »Wäschepimpel«. Das war eine Art Saugglocke mit langem Stiel und damit wurde die ganz schmutzige Wäsche in der Lauge durchgedrückt. Sie wurde »gepimpelt«. Als Kind habe ich das oft machen müssen. Das Wäschespülen – besonders der großen Stücke – war auch ein hartes Stück Arbeit. Die Stücke mussten dann auch gut ausgewrungen werden, am besten ging das zu zweit. Aber oft musste man auch alleine dabei und dann schlug man sich das ausgewrungene Stück über die Schulter und wickelte es sich um den Arm, bis auch das letzte Ende ausgewrungen war. Im Sommer war das oft eine angenehme Abkühlung aber im Winter hat man ganz schön gefroren und man bekam Eisfinger. Früher, zu Großmutters Zeiten, wurde die weiße Wäsche dann auch noch gebleicht und gestärkt.

Hofanlage in Neu Grebs

19

Rustikales Bauernbrett
mit Apfelgriebenschmalz und Kräuterbutter

Von Inge Prüter, Ludwigslust

Man rechnet als Vorspeise pro Person eine Scheibe Brot oder zwei Scheiben Baguette. Es soll ja schließlich nur eine Vorspeise sein zum Beispiel zum Glaisiner Raubritter-Huhn (Rezept Seite 99).

Apfelgriebenschmalz

250 g Flomen	in Würfel schneiden.
1 große Zwiebel	ebenfalls in Würfel schneiden, beides glasig dünsten.
1 kg Apfel (fein säuerlich)	schälen, in kleine Stücke schneiden und mit in den Topf geben.
1 Lorbeerblatt	
5 Gewürznelken	sowie
Salz, Zucker	nach Geschmack dazugeben. Wenn die Äpfel beginnen zu zerfallen, mit einem Schneebesen verrühren. Die Masse auf zwei Schüsseln verteilen und kalt stellen. Wichtig ist, dass das Schmalz immer wieder umgerührt wird, damit sich die Äpfel nicht absetzen können.

Kräuterbutter

250 g Butter	schaumig rühren.
2 Knoblauchzehen	fein hacken.
Petersilie, Dill, Schnittlauch, Kresse	Kräutermenge (nach Bedarf) hacken, mit der Butter vermischen und mit etwas
Salz	würzen.

Kräuterbutter ist ein schmackhafter, vegetarischer Brotaufstrich. Zum Bauernbrett Gewürzgurken, Silberzwiebeln und kleine Maiskolben servieren.

Mädchen mit Pilzen

Rührei mit Pilzen

400 g frische Waldpilze (z.B. Steinpilze, Pfifferlinge, Braunkappen)	putzen und in einer Pfanne mit
50 g Speck (gewürfelt)	in
2 TL Butter	anbraten. Mit
Salz, Pfeffer	würzen.
4 Eier	verquirlen, über die Pilze geben, leicht stocken lassen, mit
2 EL Schnittlauch (frisch)	bestreuen und dazu Pumpernickel servieren.

21

Braunkappen

Rast mit Seeblick

Kummeraner Ziegenfrischkäse, gebacken

200 g Ziegenfrischkäse	in 4 Portionen aufteilen.
1 Ei	in einem tiefen Teller aufschlagen.
3 EL Semmelmehl	in einen anderen tiefen Teller geben und den Frischkäse panieren.
200 g Feldsalat	
100 g Tomaten	und
100 g Gurken	würfeln, auf 4 Teller verteilen und den Ziegenkäse in einer heißen Pfanne mit
2 EL Sonnenblumenöl	anbraten, zu dem Salat reichen und mit etwas Sanddorndressing (Rezept Seite 23) garnieren.

Katzenkind auf Entdeckungsreise

Waldesrand bei Neu Grebs

Sanddorndressing

Vom Ludwigsluster Schloss-Café

100 g saure Sahne	
1 EL Mayonnaise	
½ TL Currypulver	und
2 TL Sanddornkonfitüre	miteinander verrühren und zu frischem Salat servieren.

Tomaten–Rucola–Salat

200 g Cherrytomaten	vierteln.
100 g Rucola	einmal durchschneiden, mit den Tomaten in eine Schüssel geben und aus
2 EL Weinessig	
50 g Zwiebel (fein gehackt)	
1 TL Zucker	sowie
½ TL Salz	
1 Prise schwarzer Pfeffer	eine Marinade zubereiten. Mit in die Schüssel geben, vorsichtig unterheben, eine halbe Stunde marinieren lassen und servieren.

23

Der Wanzeberg ist frisch gepflügt.

Neugebautes Fachwerkhaus

Die Griese Gegend touristisch entdecken

Warum sollte man die Griese Gegend besuchen?

Natürlich ist unsere Gegend landschaftlich einmalig, aber damit kann man kaum jemanden eine Woche lang begeistern. Es gibt bei uns so viele Ecken, die in kaum einem Reiseführer genannt werden.

Fangen wir mit Karenz an: Hier befindet sich der höchste Punkt im Landkreis Ludwigslust, der auch noch mit einem Aussichtsturm versehen ist. Von hier aus kann man bei gutem Wetter bis nach Picher sehen und anhand von Richtungspfeilen kann man genau erkennen, welche Ortschaft man gerade entdeckt hat. Weiter geht es in Malliß: Ganz idyllisch an der Müritz-Elde-Wasserstraße gelegen, ist dies ein Ort, um die Seele baumeln zu lassen oder einfach auch mal Tretboot zu fahren.

In Dömitz kann man entlang der ehemaligen innerdeutschen Grenze entlang schippern und in Rüterberg, der ehemaligen Dorfrepublik, die Elbe von einem Aussichtsturm aus besichtigen. In Klein Schmölen kann die Wanderdüne, ein Überbleibsel der letzten Eiszeit, bestiegen werden. Doch nicht nur längs der Elbe gibt es etwas zu bestaunen. In den kleinen Gemeinden der Griesen Gegend haben die Anwohner viele kleine Biotope geschaffen, in denen man die Natur einfach nur zu genießen braucht. Als Beispiel können wir das »Pumpeck« in Neu Krenzlin oder den »Uhlenhorst« in Klein Krams nennen.

Wer sich sportlich betätigen will, kann sich in Grabow ein Kanu mieten und unsere Wasserstraßen entdecken. Das Radwegenetz ist breit ausgelegt und wird ständig erweitert. Entlang der Wege bieten sich Rastplätze zum Verweilen an. In Alt Jabel kann man sich im Waldbad an heißen Tagen abkühlen und an regnerischen Tagen den Töpferhof von Fritz Döscher in Hohenwoos entdecken. In Redefin sollte man unbedingt das Landgestüt besuchen, von dem aus auch ein Reitwanderweg nach Neustadt-Dosse führt. Außerdem ist die Obstbrennerei in Schwechow immer einen Besuch wert. Auch in Hagenow lässt es sich gut aushalten. Unsere Griese Gegend ist einfach unverwechselbar und bietet 100 und mehr Möglichkeiten, Neues zu entdecken.

Radwanderer brauchen eine Pause.

Wildschweincarpaccio

400 g Wildschweinfilet	anfrieren lassen und hauchdünn aufschneiden. Auf 4 Teller verteilen und mit
Salz, Pfeffer (frisch gemahlen)	und
2 TL Olivenöl	beträufeln.

Nach Geschmack können Sie dazu frisch gehobelten Parmesan und frisches Baguette servieren.

Fährhaus in Güritz

25

Marienkäfer entdeckt die Natur.

Buttermilchsuppe mit Backpflaumen

180 g Backpflaumen	in
500 ml Wasser	über Nacht einweichen, am nächsten Tag weich kochen lassen.
1 l Buttermilch	zusammen mit
40 g Speisestärke	langsam erhitzen, 5 Minuten vorsichtig kochen lassen.
1 Eigelb	
5 – 6 EL Puderzucker	und
2 TL Vanillezucker	in einer separaten Schüssel verrühren, zusammen mit den Backpflaumen zur Suppe geben, eventuell noch etwas süßen.

Diese Suppe schmeckt sowohl warm als auch kalt sehr gut.

26

Backsteinkirche, Leussow

Baumstumpf wartet auf neues Leben.

Kartoffel-Meerrettich-Suppe

Von Marianne Scharfenorth, Neustadt-Glewe

700 g Kartoffeln (mehlig kochend)	und
150 g Zwiebeln	jeweils schälen, würfeln.
20 g Butter	in einem Topf schmelzen. Die Kartoffeln und Zwiebeln dazugeben, kurz anbraten. Mit
1,5 l Brühe	auffüllen, und etwa 25 Minuten kochen lassen.
2 Stangen Meerrettich	schälen, fein reiben, dazugeben.
200 ml Sahne	dazugeben, aufkochen lassen und pürieren. Mit
Salz, Pfeffer	und
Weißweinessig	nach Geschmack abschmecken.

27

Pflaumeneintopf

Von Inge Prüter, Ludwigslust

50 g Sellerieblätter	in
2 l Wasser	aufkochen, Blätter herausnehmen und in die Brühe
1,5 kg entsteinte Pflaumen	geben. Gar kochen, mit dem Schneebesen durchrühren.
4 TL Haferflocken	dazugeben und weich kochen lassen. Mit
Kartoffelpüreeflocken	binden, so dass eine dickliche Masse entsteht. Dann mit
Salz, Zucker	nach Geschmack würzen.
150 g Speck (fett)	würfeln, in einer Pfanne auslassen und über die Suppe verteilen.

Großes Staunen beim Burgfest Neustadt-Glewe

Kalte Gurkensuppe

600 – 700 g Salatgurke	schälen, halbieren, mit einem Löffel die Kerne entfernen und in kleine Würfel schneiden.
60 g Zwiebeln	würfeln.
1 – 2 Knoblauchzehen	hacken. Beides in
2 EL Öl	glasig dünsten, Gurken dazugeben. Mit
2 EL Essig	
6 EL Weißwein (trocken)	aufgießen. Bei niedriger Temperatur 5 bis 10 Minuten gar ziehen lassen, abkühlen lassen, pürieren und mit
Salz, Pfeffer, Zucker	abschmecken.
250 ml Sahne	kurz vor dem Servieren unterrühren.
6 Stängel Dill	fein hacken, ebenfalls dazugeben und noch einmal abschmecken.

28

> *Besonders interessant sieht es aus, wenn Sie die Suppe in tiefen Tellern mit einigen Eiswürfeln servieren. Mit zwei Gurkenscheiben und etwas Dill dekorieren.*

Holunderblütensirup

Blick nach Malk Göhren

Brotsuppe nach Omis Art

500 g getrocknete Brotreste	in
1 l Wasser	einweichen (etwa 2 Stunden). Danach aufkochen, etwas
Zitronenschale (abgerieben)	und
1 Prise Salz	dazugeben, durch die flotte Lotte drehen.
50 g Rosinen	in
150 ml Wasser	extra einweichen, alles zusammen in einen Topf geben und mit soviel
Milch (etwa 1 l)	aufkochen, dass eine sämige Suppe entsteht. Mit Zucker abschmecken.

Fliederbeersuppe

500 g Fliederbeeren (Holunderbeeren)	abstreifen, waschen.
1,5 l Wasser	mit den Beeren erhitzen und 25 Minuten kochen lassen. Durch ein Sieb gießen und die Flüssigkeit auffangen.
150 g Äpfel (Boskoop)	
150 g Birnen	schälen, entkernen, klein schneiden.
90 g Zucker	
1 TL Zimt	Alles zusammen aufkochen.
50 g Speisestärke	mit etwas Wasser verrühren und die Suppe damit andicken.

Hengst in Malk Göhren

De Dannenböhm

Von Hartwig Wedemeyer, Salzhausen

Nülich hev ick in de Zeitung läßt, de Dannenböhm warden dürer, insbesondere de Nordmannstannen, Blaufichten, Edeltannen. Dorbi häv ick mi an wat erinnert wie dat dortomals tau gün.

Ick bün domals Forstlehrling in Glaisin west, in de Griese Gegend um Ludwigslust. Wi harn dat Johr 1951 und allens wer knapp in de DDR. Og Dannenböhm gev dat bloß dörch Beziehungen. Warum ok, Wihnachten wer en Christlichet Fest. Und dat gehört sowieso abschafft, seggen de Funktionäre. Aber natürlich nich de Minschen, wer wull den Wihnachten missen in al de Müh un Trübsal. Bloß, wo gäv dat Wihnachtsbööm? Natürlich in Wold. Bi us in de Griesen Gegend mit »Sand nix als Sand« wer dat Tradition, dat wi een Kiefer as Wihnachtsboom harn, een Dann as wi seggt. De wür meistens ut den Wold holt. »Unter so'n geklauten Wihnachtbohm singt sick dat am besten«, so seegen de Ollen. De Forst drückte meist een Og tau, wenn lütte Dannen »afgängig« wieren. Aber dit Johr wer dat anners. We harn näm-

Deichsicherung an der Elde

Der Schlossgarten wächst mit seinen Aufgaben.

lich ne grote Fichtenkultur anlecht, un de harn de richtige Höcht för Wihnachtsböhm. Un staatsche Füchten wärn dat! Richtige Wihnnachtsböhm as up de Biller,
nich so dröge Dann!

Disse Fichten weren de Ogappel von us Förster: »Keene Fichte wird als Weihnachts-
baum jeschlagen, das soll Nutzholz werden!«, sä us Förster, he wär en ganz scharpen.
He kem as Förster ut Ostpreußen. De Wihnachtsweek wer dor. De Anspannung
wörd grötter. De Angriff up uns Wihnachtsböhm rückte neger. Wi wörd indeelt
taun Wachdienst in de Kultur. De Förster seggt: »Dass Ihr ja richtig aufpaßt, damit
die Lorbasse aus dem Dorf nicht meene Fichten schlagen!«

We seten nu awwesselt in de Schonung. Da wär en langwielig Tied. Asig kolt un natt,
nich schmöken, nich veel snaken, uppassen. An iesten Dag gornix. Dann morgens in
Dämmern kem de iertse, uns Chausseekratzer, Korl Jastram, ok Schüffel-Korl neent.
He rin in de Schonung. Een Bohm flücht up den Weg. Ein von uns henn, den Boom
schnappt und versteckt. He kem rut un segt: »Nu ward krupen, wo is denn de Bohm
bläben?« Schüffel Korl werrer rin. De tweite Boom flügt rut. Dat glicke Spill. »Dat
speuckt hier woll«, seggt he, un toft weerer rin. »Nu is nauch«, sech ick, un he kreg
fast een Herzschlag vor Schreck. As nächst schlickt sich Büttner Düde ran. He har de
Arm dicht an sin Lodenjopp presst, as wenn he dor wat fasthölt. Min Kolleg seggt:
»De hät en Karabiner, de will wildern.« We röpt: »Hände hoch!«, ruck-zuck gün de
Hän in de Höcht. Rut käm keen Karabiner, bloß ne lütte Äxt.

Un dann käm se doch: De Lorbasse ut us Dörp, wohl Stücker 12 bis 14 Bengels, de
meisten in Hölten Tüffel mit Äxt und Sag. »We sünd bloß drei, wi kriecht Schacht«,
seggt min Fründ. »Am besten we hold dat Mul und haut af.« »We mööt se överra-
schen«, se de anner. We bölkt tauhop: »Halt – stehen bleiben!« Dat helpt. De Ba-
gasch rut ut de Füchten, de Holten Tüffel in de Hand un ob Socken, heidie gan se
in de Wicken. De Grotangriff wer erfolgreich avwehrt.

Aber ganz so erfolgreich wäre disse Aktion doch nich.
Denn as Hiligabend in Glaisin intröck, har jedes Hus en
Wihnachtsboom. Und dat veele dorvon Füchten weren,
schmückt mit selbstgegossenen Stearinkerzen: Us Förster
hät dat wohl seehn. Aber he hett dat so hennommen, un
in Innersten sick och woll höcht. Jedenfalls hätt he nie nich
mehr daröber schnackt.

Aufforstung gerodeter Waldflächen

Klütensupp

1 kg Birnen	schälen, würfeln. Mit
100 g Zucker	und
500 ml Wasser	in einem großen Topf weich kochen. Nun
500 g Mehl	
3 Eier	
250 ml Milch	sowie
1 Prise Zimt	
2 TL Zucker	und
1 Prise Salz	zu einem Teig gut verrühren, kleine Klößchen formen und in der heißen Birnensuppe gar ziehen lassen.

> *Klütensupp kann mit Birnen aber auch mit Pflaumen gekocht werden.*

Schwarzwurzelsuppe

1 kg Schwarzwurzeln	putzen (Handschuhe anziehen!), in gleich große Stücke schneiden.
2 l Rinderbrühe	erhitzen, Schwarzwurzeln in die Brühe geben und weich kochen lassen. Mit
Salz, Pfeffer	und etwas
Zucker	würzen.
50 g Butter	in einem separaten großen Topf erhitzen.
2 EL Mehl	unterrühren, mit der heißen Rinderbrühe auffüllen.
100 g saure Sahne	
50 ml Zitronensaft	unterrühren, aufkochen lassen. Die Schwarzwurzeln dazugeben, abschmecken und servieren.

Perlspinne in Malliß

Käsesuppe *(für 12 Personen)*

Von Rita Franz, Neu Krenzlin

1 kg gemischtes Hackfleisch	und
300 g Schinkenspeck (gewürfelt)	scharf anbraten und in einen großen Topf geben.
4 Stangen Porree	in feine Ringe schneiden.
4 Zwiebeln	würfeln. Zusammen mit
200 g Champignons	mit in den Topf geben, andünsten lassen.
1,5 l Brühe	aufgießen, kochen lassen. Zum Schluss
200 g Kräuterschmelzkäse	und
200 g Sahneschmelzkäse	in der Brühe auflösen.

Nach Geschmack können Sie die Suppe mit Sahne verfeinern und mit frischer Petersilie servieren.

33

Dömitz am Wall

Kohlgrütt von Gräunkohl (Grünkohleintopf)

500 g Kasselernacken	mit
1,25 l Wasser (kalt)	ansetzen. Etwa 1½ Stunden gar kochen, abkühlen lassen, in kleine Stücke schneiden. Die Brühe aufheben.
750 g Grünkohl	fein hacken.
40 g Schweineschmalz	in einem großen Topf erhitzen.
1 Zwiebel	würfeln, im Fett glasig dünsten, Grünkohl dazugeben, mit der Fleischbrühe (vom Kasseler) auffüllen. Mit
Salz, Pfeffer	würzen und mit
1 EL Zucker	
1 Prise Muskatnuss	abschmecken.
125 g Hafergrütze (oder -flocken)	kurz vor Ende der Garzeit einrühren.
2 Lungenwürste	in Stücke schneiden, zusammen mit dem Kasseler zum Grünkohl geben und nochmals abschmecken.

Dazu schmecken frisch gekochte Salzkartoffeln.

Teilansicht eines Wracks an der Elde

Die Elbe bei Hochwasser

Mecklenburger Hochzeitssuppe

(für 12 Personen)

1 dickes Suppenhuhn	mit etwa
3 l Wasser (kalt)	in einem großen Topf ansetzen und aufkochen lassen. Dann
400 g Möhren	
200 g Sellerie	
2 große Zwiebeln	und
2 Stangen Porree	putzen und alles Gemüse ganz in die Suppe geben. Das Ganze etwa 2 Stunden kochen lassen. Alle Zutaten aus der Suppe entnehmen. Die Brühe durch ein Sieb gießen und in einen neuen Topf geben. Nun nur die Möhren und den Sellerie klein schneiden und wieder zur Brühe geben. Porree, Zwiebeln und Huhn für andere Gerichte weiterverwenden. Die Suppe mit
2 TL Salz, 1 TL Pfeffer	abschmecken.

35

Der Eierstich

6 Eier	Pro Person rechnet man ein ½ Ei und gibt pro Ei 2 EL Wasser dazu und rührt das Ganze schön schaumig. Mit
1 TL Salz	würzen und in einen Gefrierbeutel füllen. In einem breiten Topf Wasser erhitzen und den Beutel hineinstellen. Die Eiermasse fängt langsam an zu stocken. Aufpassen, dass sie nicht blau werden. Den Eierstich nicht zu klein würfeln und anschließend in die heiße Suppe geben.

Mischwiese mit Mohnblumen

Findlinge bei Karenz

BHG-Ball mit Folgen

Von Christel Scholz, Ludwigslust

In den fünfziger Jahren wurde bei uns im Dorf immer tüchtig gefeiert. Da gab es eine Lichtgenossenschaft mit dem jährlichen »Lichtball« und von der BHG (Bäuerliche Handelsgenossenschaft) den BHG-Ball. Die »Örtlichen« (Vorläufer der LPGen) feierten auch ihre Bälle und so war im Dorf immer etwas los.

Die BHG-Bälle waren immer sehr beliebt, weil es dort Essen umsonst gab. Mal gab es Schweinebraten mit Rotkohl oder im anderen Jahr eine große Portion Gulasch. Damals waren solche Gerichte noch ein großes Festessen und wenn es hinterher noch ein Schälchen Pudding gab, dann war das ganz was Feines. Da wir zwei Gaststätten im Dorf hatten, ging es mit den Bällen immer reihum. Diesmal war die Gaststätte im Dorf dran und meine Mutter und ich (wir hatten die andere Gaststätte am Dorfrand) hatten einmal frei. Heute konnten wir uns mal richtig bedienen lassen. Der Saal war voll. Alle Mitglieder und Gäste waren zu einem großen Ereignis gekommen.

Nach einer kurzen Versammlung mit Ansprache des Vorsitzenden ging es dann ans Essen. Diesmal gab es Gulasch, Salzkartoffeln und Gewürzgurken. Große Schalen kamen auf die Tische und jeder langte ordentlich zu. Irgendwie hatte ich an diesem Abend keinen großen Hunger und irgendwie schmeckte es mir auch nicht wie sonst. »Ist das Gulasch nicht ein wenig säuerlich?«, fragte ich meine Mutter. »Was du immer hast, schmeckt doch gut, ist bloß ein wenig verkocht«, meinte sie. Aber allzu großen Hunger schien auch sie nicht zu haben. Dafür langten die anderen Gäste um so mehr zu. So lange, bis alle Schalen leer waren. Die alten Leute gingen meist nach dem Essen nach Hause, aber für uns ging es nun erst richtig los. Die Blaskapelle spielte einen Tanz nach dem anderen und an der Theke wurde der Branntwein nicht alle. Mutter und ich hatten uns ordentlich einen genehmigt. Jedenfalls hatten wir, als wir zur »frühen« Morgenstunde nach Hause torkelten, ordentlich »Bettschwere«.

Am nächsten Tag, so gegen 9 Uhr, kam unsere Briefträgerin. Sie grinste und meinte: »Na, war es denn gestern schön? Hattet ihr eine ruhige Nacht?« Warum sollten wir

Seniorentanz in der Kulturscheune

keine ruhige Nacht gehabt haben, mit all unserem Koem im Kopf? Und nun erzählte Sie uns von den »fürchterlichen« Folgen nach dem Ball. Alle, die es sich auf dem Ball so richtig hatten schmecken lassen, waren die ganze Nacht nicht zur Ruhe gekommen. Viele hatten es gar nicht mehr bis nach Hause geschafft und hatten die Hosen schon an den nächsten Hecken und Zäunen ziehen müssen. Bei den ganz Alten, die gar keinen Koem getrunken hatten, musste sogar der Doktor kommen. Und dann war auch schon die Hygiene da gewesen. Aber wo nichts mehr nachgeblieben war, konnte man auch nichts untersuchen. Das hatte dann auch weiter kein Nachspiel mehr. Damals war die Hygienebehörde auch noch nicht so streng wie heute. Uns hatte das wenige Essen und der viele Branntwein vor den »fürchterlichen Folgen« bewahrt.

Drehorgelspieler
auf dem Kartoffelfest Glaisin

Jahrfeier 2007 in Glaisin,
amerikanische Gäste sind zu Besuch.

Lorbeerblättersuppe mit Mettwurst

Von Ingwelde Friel, Glaisin

1 kg Kartoffeln (mehlig kochend)	schälen und mit
2 – 3 Lorbeerblätter	in Salzwasser kochen. In der Zwischenzeit
750 ml Milch	mit
2 – 3 Lorbeerblätter	erwärmen. Die gegarten Kartoffeln mit
150 g Butter	fein stampfen und mit
Salz, Pfeffer (weiß)	würzen. Die warme Milch behutsam unterrühren und alles vorsichtig erhitzen, sie steift dadurch noch kurz nach »Se stieft noch naah«. Mit
Mettwurst (frisch)	servieren!

Rückansicht des Viehhauses in Glaisin

Bollerwagen mit Blütenpracht

Wrukeneintopf mit gepökelter Gänsekeule

Die Steckrübe, auch mecklenburger Ananas genannt, hat eine lange Tradition in der Griesen Gegend. Wohl kaum ein Gemüse wurde zu Kriegszeiten so vielseitig eingesetzt wie die Steckrübe. Zu Notzeiten war sie oft die letzte Reserve und es kam oft vor, dass es morgens Kohlrübensuppe, mittags Kohlrübenkotelett und abends noch Kuchen von Kohlrübe gab. Gerade deswegen ist es auch zu erklären, warum die gelben Rüben so lange von vielen Speisezetteln verschwunden waren. Wir aber haben uns auf die Suche gemacht und noch einige schmackhafte Rezepte gefunden, die es nicht verdient haben, in Vergessenheit zu gelangen (weitere Rezepte finden Sie auf den Seiten 73, 63, 68).

1 Wruke (Steckrübe, etwa 700 g)	schälen, in fingerdicke Streifen schneiden.
400 – 500 g gepökelte Gänsekeule	halbieren. In einem großen Topf
50 g Gänseschmalz	erhitzen und das Fleisch darin anbraten.
2 Zwiebeln	würfeln, mitbraten. Alles mit
1 EL Mehl	bestäuben.
500 ml Fleischbrühe	auffüllen, gut verrühren.
300 g Kartoffeln	schälen, würfeln, zusammen mit den Wruken in den Topf geben und rund 1 Stunde kochen lassen, mit
Salz, Pfeffer	würzen und mit
Petersilie (frisch)	garnieren.

39

Strohballen auf weitem Feld

Koppel bei Karenz

Beas Kartoffelkäse

500 g Kartoffeln	kochen und erkalten lassen, mit einer Gabel zerdrücken.
1 Zwiebel	
1 Bund Schnittlauch	
1 Knoblauchzehe	alles ganz fein hacken, mit den Kartoffeln mischen.
100 g Schinken (mild)	in kleine Würfel schneiden, dazugeben.
200 g Schmand (oder Crème fraîche)	unterrühren. Mit
Salz, Pfeffer, Muskat	nach Geschmack würzen.

Der Kartoffelkäse schmeckt sehr lecker als Dipp zum Grillen oder auch einfach nur als Brotaufstrich.

Wagenremise Glaisin

Ein leckeres Kartoffelbüfett

Béchamelkartoffeln

750 g Pellkartoffeln	pellen, in Scheiben schneiden.
50 g Butter	erhitzen und mit
2 EL Mehl	eine Mehlschwitze herstellen.
250 ml Milch	einrühren.
30 g Zwiebeln	fein würfeln, mit in den Topf geben, noch einmal aufkochen und die Kartoffeln dazugeben, bei geringer Hitze durchziehen lassen.

Dazu schmecken frische Bratwürste oder Sie begießen das Gericht mit 50 g ausgelassenem Speck.

Bunter Kartoffelsalat

41

Von Marianne Scharfenorth, Neustadt-Glewe

800 g Kartoffeln (festkochend)	kochen, pellen, in kleine Würfel schneiden.
3 Äpfel	
1 saure Gurke	
2 Eier (hart gekocht)	und
150 g Jagdwurst	sowie
1 kleine Zwiebel	jeweils in kleine Würfel schneiden. Mit
4 EL Mayonnaise	
4 EL Joghurt	verrühren. Mit
Salz, Pfeffer	nach Geschmack würzen. Durchziehen lassen.

Der Kartoffelfritz auf dem Forsthof Glaisin

Buntes Kartoffelgemüse

Von Marianne Scharfenorth, Neustadt-Glewe

1 kg Kartoffeln (festkochend)	abkochen, pellen, in Scheiben schneiden.
400 g Tomaten (gehäutet)	und
100 g Kochschinken	würfeln.
1 Bund Frühlingszwiebeln	waschen, in feine Ringe schneiden. In einem Topf
1 EL Butter	zerlassen, die Zwiebeln glasig dünsten.
1 EL Mehl	darüber streuen, kurz mitrösten.
125 ml Hühnerbrühe	dazugeben, einrühren und 5 Minuten kochen lassen. Nun
100 g Crème fraîche	zugeben, ebenso die Tomaten und den Kochschinken, 5 Minuten garen. Dann die Kartoffeln dazugeben und untermischen.
1 Bund Dill	waschen, die Spitzen klein schneiden, darüber streuen. Mit
Salz, Pfeffer	nach Bedarf abschmecken.

42

Eine Landfrau zeigt, wie man Wolle spinnt.

Bratkartoffelpfanne

Von Marianne Scharfenorth, Neustadt-Glewe

800 g Kartoffeln	kochen, auskühlen lassen, pellen, in dünne Scheiben schneiden. In
2 EL Olivenöl	goldbraun anbraten. Mit
Salz, Pfeffer	würzen.
2 Stangen Porree	waschen, längs halbieren, in Scheiben schneiden.
2 Äpfel	vierteln, entkernen und ebenfalls in Scheiben schneiden. Die Kartoffeln aus der Pfanne nehmen,
2 EL Öl	erhitzen. Lauch und Apfelscheiben in dem Öl anschwitzen. Die Kartoffeln unterheben, noch einmal mit
Salz, Pfeffer	abschmecken und mit
Majoran	garnieren.

43

Warmer Kartoffelsalat

Von Julia Schult, Warlow

1,25 kg Kartoffeln (festkochend)	kochen, pellen, in Scheiben schneiden.
100 g Speck	würfeln, in einem Topf ausbraten lassen.
300 ml Brühe	dazugeben. Dann
1 Zwiebel	putzen, würfeln, mit in den Topf geben. Mit
Salz, Pfeffer	
Zucker	nach Geschmack würzen. Die Soße über die Kartoffeln geben. 5 Minuten ziehen lassen, bei Bedarf nachwürzen.

Dachboden mit Pensionszimmer, Glaisin

Kartoffelklöße

Von Ilse Husfeldt, Kuhstorf

1,25 kg kalte, gekochte Kartoffeln	reiben. Mit
1 – 2 Eier	
150 g Mehl (oder Hartweizengrieß)	und
½ TL Salz	zu einem glatten Teig verrühren. 1 Stunde stehen lassen. Mit
Muskat	
Thymian (oder Majoran)	nach Geschmack würzen. Wasser in einem großen Topf zum Kochen bringen, aus dem Teig runde Klöße formen und vorsichtig in den Topf geben, gar ziehen lassen (Vorsicht: das Wasser darf nicht sprudelnd kochen). Wenn alle Klöße oben schwimmen, sind sie gar.

44

Kartoffelklöße schmecken besonders gut zu einem kräftigen Wildgulasch mit hausgemachtem Rotkohl (Rezept Seite 68).

Holzbackofen wartet auf den Einsatz in Glaisin.

Weidenflechtzaun

Feine Kartoffelsuppe

Von Marianne Scharfenorth, Neustadt-Glewe

400 g Kartoffeln	
2 Möhren	
200 g Porree	und
50 g Sellerie	waschen, schälen und in kleine Stücke schneiden. Alles in
1 EL Butter	glasig anschwitzen. In einen großen Topf geben und mit
600 ml Gemüsebrühe	auffüllen. 15 Minuten kochen lassen. Die Hälfte des Gemüses entnehmen, den Rest im Topf pürieren.
2 EL Sahne	unterrühren, die zweite Hälfte des Gemüses dazugeben.
2 Wiener Würstchen	in Scheiben schneiden und untermischen. Mit
Salz, Pfeffer	und
Muskatnuss (gerieben)	abschmecken. Zum Schluss mit
Petersilie (frisch)	garnieren.

45

Heuwender am Feldrand

Kirschblüte, Ludwigslust

Buttermilchkartoffeln I

Von Inge Prüter, Ludwigslust

1 kg Kartoffeln **(mehlig kochend)**	klein schneiden, weich kochen und zerstampfen. Die Menge in zwei Teile teilen.
1 l Buttermilch	mit
1 EL Mehl	verrühren und mit dem einen Teil der Kartoffeln erhitzen, dabei ständig rühren. Den restlichen Kartoffelbrei dazugeben.
150 g Speck (fett)	auslassen.
100 g Zwiebeln	würfeln und ebenfalls anschwitzen. Mit
je 1 TL Salz, Zucker	zu der Suppe geben. Alles schön verrühren und abschmecken.
4 EL saure Sahne	auf 4 tiefe Teller verteilen und die heißen Buttermilchkartoffeln darüber geben.

46

Dazu reicht man eine Scheibe Schlackwurst oder auch Mettwurst.

Die Buttermilchkartoffeln

Buttermilchkartoffeln sind schon fast ein Nationalgericht bei uns in der Griesen Gegend und es gibt wohl kaum ein Gericht, über das so viel gestritten wird. Wir haben diese Speise schon mehrmals zum Verkosten angeboten und jedes Mal gibt es unter den Gästen riesige Diskussionen, wie man diese Buttermilchspeise richtig kocht. Der eine mag es sauer, der andere sehr süß, der will Speck dazu der andere Zwiebeln, wieder ein anderer kennt es mit Pfannkuchenstreifen und die Landfrauen kochen es mit weißen Bohnen und Möhren. Wir können Ihnen auch nicht verraten, welches die richtigen Buttermilchkartoffeln sind, aber wir haben zwei Varianten herausgesucht, die zum Probieren einladen.

Marcel Kiesewetter, Kartoffelfest Glaisin

Glaisiner Boddermelksäten (Buttermilchkartoffeln II)

Von Wera Festner, Klein Krams Ausbau

500 g Kartoffeln (mehlig kochend)	schälen, kochen und zu Püree stampfen.
200 g Möhren	schälen, in Scheiben schneiden und kochen.
100 g weiße Bohnen (getrocknet)	nach Packungsanleitung zubereiten. Dann
1 l Buttermilch	
750 ml Vollmilch	und
1 – 2 EL Kartoffelmehl	zusammen verrühren, aufkochen lassen. Kartoffeln, Mohrrüben, weiße Bohnen dazugeben. Nach Geschmack mit
2 TL Salz	
1 TL Zucker	abschmecken.
100 g Speck (in Scheiben)	in einer Pfanne auslassen und über die Buttermilchkartoffeln geben.

47

Bauerngarten in Glaisin

Kartoffel-Apfelkuchen

Von Marianne Scharfenorth, Neustadt-Glewe

500 g Kartoffeln	kochen, pellen, auskühlen lassen und reiben.
500 g Äpfel	schälen und reiben, beides kalt stellen.
125 g Margarine	
175 g Zucker	
1 Pck. Vanillezucker	etwas
Salz	und
4 geriebene bittere Mandeln	mit
2 Eier	zusammen schaumig rühren. Danach
150 g Mehl	und
1 TL Backpulver	unterrühren. Die geriebenen Kartoffeln und Äpfel dazugeben, auf ein mit Backpapier ausgelegtes Backblech streichen und 50 Minuten bei 150 °C backen. Mit
Butter (zerlassen)	bestreichen und
Puderzucker	darüber sieben.

48

Buer Hann aus Göhren

Straße bei Menkendorf

Gefüllte Kartoffeln

Von Marianne Scharfenorth, Neustadt-Glewe

4 große Kartoffeln (mehlig kochend)	abbürsten, waschen, mit einer Gabel rundherum einstechen, dann etwa 50 Minuten bei 180 °C backen.
1 grüne Paprika	säubern, in kleine Würfel schneiden.
1 große Zwiebel	schälen, würfeln.
1 EL Butter	zerlassen und das Gemüse darin glasig dünsten.
150 g Champignons	in dünne Scheiben schneiden.
100 g Frühstücksspeck	würfeln, beides zum Gemüse geben und 5 Minuten garen. Die Kartoffeln aus dem Ofen nehmen, auf der breiten Seite eine Scheibe abschneiden. Die Kartoffel vorsichtig aushöhlen (Schale nicht beschädigen). Die herausgenommene Kartoffelmasse mit der Gemüsemischung verrühren. Nun
3 EL Milch	
50 g Käse (gerieben)	und
je 1 Msp. Salz, Pfeffer	mit der Füllung vermengen und vorsichtig in die Kartoffeln füllen.
50 g Käse (gerieben)	auf die Kartoffeln streuen. Auf einem Backblech bei 180 °C etwa 15 Minuten backen.

49

Schwäne beim Abflug

Abendstimmung in Neu Göhren

Kartoffel-Champignon-Auflauf

Von Sven Kolberg, Schwerin

250 g Beefsteak-Hackfleisch	
1 Ei	und
2 Knoblauchzehen (fein gehackt)	sowie
½ TL Salz	
½ TL Pfeffer	miteinander mischen. Aus der Masse kleine Hackbällchen formen.
1 EL Öl	erhitzen, die Bällchen darin anbraten und warm stellen.
400 g Champignons	putzen, in dünne Scheiben schneiden. In der Pfanne andünsten.
1 große Zwiebel	würfeln, ebenfalls andünsten.
150 g Kirschtomaten	halbieren, den Stielansatz entfernen.
1 Bund Petersilie	klein hacken, alles Gemüse mit in die Pfanne geben und umrühren. Nun
800 g Kartoffeln	schälen, in dünne Scheiben schneiden. In eine Auflaufform schichten und den Inhalt aus der Pfanne darüber geben. Die Hackbällchen obenauf verteilen.
250 ml Sahne	
2 Eigelb	und
150 g Gouda (gerieben)	50 g vom Gouda miteinander vermischen und über die Masse gießen. Dann den Auflauf mit dem restlichen Käse bestreuen. Bei 200 °C etwa 50 Minuten backen.

50

Moor am Wanzeberg

Birken im Herbst

Kartoffel-Apfel-Pfanne

Von Marianne Scharfenorth, Neustadt-Glewe

750 g Kartoffeln	schälen, in 1 cm große Würfel schneiden.
4 EL Keimöl	erhitzen, Kartoffeln etwa 10 Minuten darin braten.
2 Äpfel	waschen, würfeln.
2 Zwiebeln	in Würfel schneiden, mit in die Pfanne geben, 10 Minuten weiter braten. Mit
Salz, Pfeffer	nach Geschmack würzen.
Frische Kräuter (z.B. Schnittlauch, Petersilie, Dill, Basilikum)	hacken und darüber streuen.

Frischer Meerrettich dazu verleiht eine interessante Schärfe.

51

Die Strohpuppen begrüßen alle Gäste zum Kartoffelfest.

Igel im Laub

Kartoffeleis

Vom Restaurant »De oll Doerpschaul«, Rosenow

300 g Kartoffeln (mehlig kochend)	kochen, heiß pellen, durch die Kartoffelpresse drücken und abkühlen lassen. Dann
100 ml Sahne	und
1 Eigelb	verrühren, kurz aufkochen und abkühlen lassen. Mit
200 g Quark	
80 g Honig	sowie
60 ml Sanddornsaft	verrühren und mit der Kartoffelmasse vermengen.
100 ml Sahne	steif schlagen und unter die Masse heben, mindestens 4 Stunden in den Gefrierschrank stellen. Zwischendurch immer wieder umrühren, um Eiskristalle zu vermeiden.

Nach Belieben kann das Eis auch mit gehackten Walnüssen, frischer Minze oder den Früchten der Süßdolde verfeinert werden.

Beeindruckendes Wespennest

Gemeinschaftlich wird der Maibaum aufgestellt.

Kartoffelgratin mit Lachs

Von Angret Ahrendt, Conow

600 g Kartoffeln (festkochend)	waschen, kochen, pellen und in dünne Scheiben schneiden. Nun
150 ml Crème fraîche	
2 EL Dillspitzen	
20 ml Limettensaft	und
1 TL Salz	
½ TL Pfeffer	zu einer Creme verrühren. Kleine Portionsförmchen fetten, Kartoffeln einschichten, so dass der Boden bedeckt ist.
400 g Räucherlachs (in Scheiben)	Die Kartoffeln mit einer Schicht Lachs belegen, Creme darauf verteilen. Noch einmal jeweils eine Schicht Kartoffeln und Lachs darauf geben, mit der restlichen Creme bestreichen, mit Kartoffeln abschließen. Zum Schluss mit ein wenig
Pfeffer (frisch gemahlen)	würzen. 15 bis 20 Minuten bei 160 °C backen. Nach Belieben mit
Thymian	garnieren.

53

Ortseingang Conow

Kirche in Conow

Das Märchen vom Kartoffelkönig

Es war einmal eine große Kiste Kartoffeln. Die stand im Winter im Keller eines alten Hauses. Prachtvolle Kartoffeln waren darin, eine noch dicker als die andere. Eines Tages aber, da rief es aus der Kartoffelkiste: »Ich will nicht geschält werden! Ich will auch nicht gekocht werden! Und gegessen werden, will ich schon gar nicht! Denn ich bin der große Kartoffelkönig!« Und das stimmte auch, denn mitten in der Kartoffelkiste lag der Kartoffelkönig. Der war so groß wie zwölf andere Kartoffeln. Da kam die Großmutter in den Keller, denn Sie wollte ein Körbchen Kartoffeln holen. Die wollte sie schälen und zum Mittagessen mit Salz und Wasser kochen. Auch den Kartoffelkönig legte sie in ihr Körbchen und sagte: »Ei, das ist mal eine dicke Kartoffel!« Aber als die Großmutter mit dem Körbchen aus dem Keller kam und über den Hof ging, da sprang der Kartoffelkönig – hops – aus dem Körbchen und rollte so geschwind über den Hof davon, dass die Großmutter nicht hinterherlaufen konnte. »Ach«, sagte sie, »ich will sie nur laufen lassen, die dicke Kartoffel. Vielleicht finden ein paar arme Kaninchen sie und fressen sich dick und satt daran.«

Der große, dicke Kartoffelkönig aber rollte immer weiter. Zuerst begegnete ihm der Igel und sagte zu ihm: »Halt, dicke Kartoffel, warte doch ein Weilchen, ich will dich zum Frühstück essen!« »Nein, nein!« rief der Kartoffelkönig, »Die Großmutter mit der Brille hat mich nicht gefangen und du, Igel Stachelfell, kriegst mich auch nicht!« Und eins, zwei, drei – rollte er weiter in den Wald hinein. Da begegnete ihm das Wildschwein. »Halt, du prachtvolle, dicke Kartoffel« rief es, »Warte doch ein Weilchen, ich will dich geschwind fressen!« »Nein!« antwortete der Kartoffelkönig, »Die Großmutter mit der Brille hat mich nicht gefangen, Igel Stachelfell hat mich nicht gefangen und du, Wildschwein Grunznickel, kriegst mich auch nicht!«, und eins, zwei, drei – rollte er schon wieder weiter durch den Wald.

Da begegnete ihm der Hase und rief: »Halt, du schöne dicke Kartoffel! Warte doch ein Weilchen, ich will dich eben aufessen!« »Nein«, antwortete der Kartoffelkönig, »die Großmutter mit der Brille hat mich nicht gefangen, Igel Stachelfell hat mich nicht gefangen, Wildschwein Grunznickel hat mich nicht gefangen und du, Hase Langohr, kriegst mich auch nicht!« Und eins, zwei, drei – rollte er auch schon weiter durch den Wald, der große Kartoffelkönig.

Eberesche in Karstädt

Da begegnete ihm die Hexe Tannenmütterchen und sagte: »Halt, warte doch ein Weilchen, du leckerer Kartoffelkönig, ich will dich nur eben kochen und aufessen!« »Nein«, antwortete der Kartoffelkönig, »die Großmutter mit der Brille hat mich nicht gefangen, der Igel Stachelfell hat mich nicht gefangen, Wildschwein Grunznickel hat mich nicht gefangen, Hase Langohr hat mich nicht gefangen und du, Hexe Tannenmütterchen, kriegst mich auch nicht!« Und eins, zwei, drei – rollte er weiter, der große Kartoffelkönig.

Da begegneten ihm zwei arme Kinder. Sie hatten großen Hunger und sagten: »Ach, was läuft denn da für eine dicke Kartoffel! Wenn wir die zu Hause hätten, dann könnte die Mutter uns einen großen Reibekuchen davon backen und wir würden endlich wieder einmal richtig satt!« Als der Kartoffelkönig das hörte, bekam er Mitleid. Er hielt mitten im Laufen an und – hops – sprang er den armen Kindern ins Körbchen. Die Kinder bekamen mittags zu Hause einen dicken, fetten Reibekuchen. Ja – und das war das Ende des Kartoffelkönigs.

(Quelle: Nach einem alten Volksmärchen)

55

Kartoffelpuffer auf dem Kartoffelfest Glaisin

Bauerngarten

Kartoffel-Pilz-Puffer

Von Marianne Scharfenorth, Neustadt-Glewe

750 g Kartoffeln	20 Minuten kochen lassen, dann pellen und durch eine Presse drücken.
300 g Pilze (Champignons, Pfifferlinge)	putzen, klein schneiden.
1 Schalotte	würfeln.
10 Thymianzweige	waschen, die Blättchen von den Stielen zupfen.
1 EL Öl	erhitzen, Pilze und Schalotte darin anbraten. Mit
Salz, Pfeffer	nach Geschmack würzen, alles auskühlen lassen.
1 Ei	und
100 ml Sahne	mit der Kartoffelmasse verrühren, noch einmal mit
Salz, Pfeffer	abschmecken. Mit feuchten Händen 12 kleine Puffer formen.
3 EL Öl	erhitzen, die Puffer darin knusprig braten.

56

Dazu passt ein kräftiger Tomatensalat.

Rinderherde mit Kälbern in Glaisin

Kartoffelpudding

Von Klaus-Peter Kolberg, Hagenow

500 g Kartoffeln (mehlig kochend)	schälen, kochen, stampfen.
2 Eier	
½ Pck. Backpulver	
50 g Rosinen	und
1 TL Zitronenschale (gerieben)	mit dem Kartoffelteig mischen, eine Puddingform fetten, mit
Semmelbrösel	ausstreuen, Masse einfüllen, 90 Minuten im Wasserbad kochen lassen, dann stürzen. Mit
Zucker	servieren.

57

Schüttelstroh

Von Brigitte Scheithauer, Neustadt-Glewe

1 kg Kartoffeln	kochen, pellen und in Scheiben schneiden. In eine Auflaufform geben und
500 g Sauerkraut	sowie
500 g geräucherte Leberwurst	darauf schichten. Mit Sauerkraut enden und mit
400 ml Sahne	übergießen. Bei 160 °C gut 1 Stunde langsam garen.

Eingewachsen – die Flurmarkierung

Kartoffelpuffer

Von Ilse Husfeldt, Kuhstorf

1 kg Kartoffeln	schälen, fein reiben. Die Masse mit
1 Ei	
250 ml Milch	
40 g Mehl	und
1 TL Salz	verrühren. Wenn der Teig zu flüssig ist, mit Mehl etwas andicken. Die Puffer in heißem Butterschmalz ausbraten.

Kartoffelpuffer können Sie süß mit Apfelmus oder auch herzhaft servieren. Mit frisch gebratenen Pfifferlingen sind sie ein Genuss.

58

Basteln in der Kulturscheune Glaisin

Der Rastplatz lädt zum Verweilen ein.

Kräuterkartoffeln vom Blech

Von Klaus-Peter Kolberg, Hagenow

1 kg Kartoffeln	waschen, halbieren, in eine Schüssel geben.
2 EL Rosmarinnadeln	und
1 EL Oregano	von den Stielen zupfen.
1 EL Salbei	
1 TL Kümmel	
½ TL rosa Pfeffer	sowie
1 Knoblauchzehe	Kräuter und Gewürze klein hacken. Alles mit
5 EL Olivenöl	verrühren.
Je 1 TL Salz, Pfeffer	dazugeben, dann mit den Kartoffeln mischen.
12 Hähnchenunterkeulen	mit
Salz, Pfeffer	würzen. Zusammen mit den Kräuter-Kartoffeln auf einem Backblech verteilen, bei 175 °C 40 Minuten backen. Von
2 Chilischoten	die weißen Kerne entfernen, klein hacken.
2 EL Olivenöl	und
500 g Magerquark	verrühren, mit
Salz, Pfeffer	und eventuell
Zucker	abschmecken, zu den Kartoffeln servieren. Mit
Kräuter (frisch)	bestreuen.

59

Die Sonne spiegelt sich im Neustädter See.

Raps wird verbreitet in der Griesen Gegend angebaut.

Kartoffelroulade

Der Kartoffelteig

1 kg gekochte Kartoffeln	und
½ TL Salz	sowie
1 TL Butter	mit einem Mixer zu einem glatten Teig verrühren.
2 Eier	und
4 EL Mehl	dazugeben, kalt stellen.

Die Füllung

500 g Hackfleisch (gemischt)	
1 EL Öl	in einer Pfanne anbraten.
60 g Zwiebeln (gewürfelt)	mit in der Pfanne anschwitzen lassen. Dann
4 EL Tomatenmark	
50 ml Wasser	
1 TL italienische Kräutermischung	und
½ TL Zimt	zugeben. Alles miteinander zu einer streichfähigen Masse verrühren und abkühlen lassen.

60

Die Fertigstellung

Den Kartoffelteig auf Frischhaltefolie (Folie mit Mehl bestäuben) ausrollen und die Hackmasse darauf verteilen. Vorsichtig aufrollen und 30 Minuten kalt stellen. Nach dem Durchkühlen in etwa 2 cm dicke Scheiben schneiden und etwas flach drücken. In einer Pfanne goldgelb anbraten.

Drei Scheiben Kartoffelroulade mit selbst gemachtem Kräuterquark und frischem Salat servieren.

Vogelhaus im Apfelbaum

Kartoffel-Gulasch

Von Marianne Scharfenorth, Neustadt-Glewe

500 g Kartoffeln (festkochend)	schälen, in 2 cm große Würfel schneiden.
1 große Zwiebel	schälen, in kleine Würfel schneiden.
70 g Räucherspeck (durchwachsen)	würfeln. In einem großen Topf
1 EL Öl (heiß)	erhitzen, Zwiebeln und Speck dazugeben und anschwitzen lassen, Kartoffeln kurz mitbraten.
150 ml Gemüsebrühe	mit in den Topf geben.
400 g Tomaten (geschält)	unterrühren, alles aufkochen lassen.
1 grüne Paprikaschote	in Streifen schneiden, ebenfalls dazugeben und 20 Minuten kochen lassen. Mit
1 gestr. TL Majoran	
½ TL Kümmel	
1 TL Paprika	und
Salz, Pfeffer	nach Geschmack würzen.

61

Hochzeitsdekoration, Kulturscheune Glaisin

Brautstrauß mal ganz anders

De Mäkelbörger un sine Tüffeln –
Der Mecklenburger und seine Kartoffeln

Kartoffeln werden heute fast auf der ganzen Welt angebaut, weil die Pflanze sehr anpassungsfähig ist. Mit mehr als 320 Millionen produzierten Tonnen nimmt die Kartoffel in der Weltproduktion von pflanzlichen Lebensmitteln nach Reis, Weizen und Mais die vierte Stelle ein. Zu den wichtigsten Kartoffelproduzenten gehört neben den USA, Russland, China und Indien auch Deutschland. Die Anbaufläche nimmt bei uns allerdings kontinuierlich ab. In unserer Region haben im Jahr 2008 insgesamt 70 Bauern Kartoffeln angebaut. Auf einer Fläche von 3400 Hektar ernteten sie 136 000 Tonnen Kartoffeln. Gefüllt in Säcke von je 50 Kilogramm, würde sich damit eine Strecke von Ludwigslust bis zum Pabst nach Rom ergeben.

Am besten gedeihen Kartoffeln auf leichten Böden, die eine gleichmäßige Wasserversorgung sichern. Beregnungsanlagen sind oft Voraussetzung für gute Ernteerträge. Auch an das Klima stellt die Kartoffel nur geringe Ansprüche. Lediglich Frost, Hitze und Trockenheit schränken ihren Anbau in unseren Breiten ein.

62

Vielfältige Kartoffel

*Anfassen und Staunen
auf dem Kartoffelfest Glaisin.*

Kartoffel-Steinpilz-Steckrübenauflauf

Vom Ludwigsluster Schloss-Café

500 g Steckrüben	in feine Streifen schneiden. In etwas Wasser bissfest garen.
500 g Steinpilze (frisch oder TK)	putzen,
30 g Zwiebeln	fein hacken und
50 g Speck	würfeln. Zwiebeln, Speck und Steinpilze in
30 g Butter	anbraten.
500 g gekochte Kartoffeln	in Scheiben schneiden und alle Zutaten abwechselnd in eine Auflaufform schichten. Nun
100 ml Sahne	
1 TL Thymian, 1 TL Majoran	und
Pfeffer, Salz	miteinander verrühren, über den Auflauf verteilen und mit
100 g geriebener Käse	bestreuen. Bei 180 °C 25 Minuten backen.

63

> *Den fertigen Auflauf mit 1 Esslöffel gehackten Walnüssen bestreuen und servieren. Dieses Gericht haben wir zusammmen mit Susanne Grön beim NDR 1 MV Topfgucker gekocht.*

Pferdekoppel am Wanzeberg

Wanderdüne in Schmölen

Himmel & Erde

Von Marianne Scharfenorth, Neustadt-Glewe

1 kg Kartoffeln	schälen. Mit
1 Lorbeerblatt	
3 Gewürzkörner	in
Salzwasser	garen.
500 g Äpfel	schälen, in Stücke schneiden, zu den Kartoffeln geben und zugedeckt garen.
50 g Speck	und
1 Zwiebel	würfeln, in
1 EL Butter	in einer Pfanne anbraten; drei Viertel des Kartoffelwassers abgießen, Gewürze entnehmen, durchstampfen. Die Speck-Zwiebel-Mischung dazugeben. Mit
Salz, Pfeffer, Zucker	abschmecken.

64

Mit frischer Petersilie garnieren. Dazu reicht man in der Griesen Gegend gebratene Blutwurstscheiben, Mettwurststreifen oder auch mal frische Leberwurst in Scheiben.

Herbstlaub

Dorfgemeinschaftshaus in Liepe / Neu Göhren

Mudder Mohns Schmandkartoffeln

1 kg Pellkartoffeln	schälen, in Scheiben schneiden.
125 g Bauchspeck	würfeln und anbraten.
90 g Zwiebeln	fein hacken, zugeben und im Fett glasig dünsten. Mit
2 EL Mehl	bestäuben, alles gut durchschwitzen lassen.
500 ml Fleischbrühe (Rinder-, Schweine- oder Geflügelbrühe)	aufgießen, gut verrühren.
250 g Schmand	und
2 EL Majoranblättchen	unterrühren und die Kartoffelscheiben vorsichtig unterheben. Mit
Salz, Pfeffer	nach Geschmack würzen.

Was man aus Stroh nicht alles machen kann ...

Spinnennetz in Liepe

Kürbisgemüse

Von Rene Mattolat, Glaisin

1 mittelgroßer Kürbis (etwa 900 g)	schälen, Kerne und Fasern entfernen, das Fruchtfleisch würfeln.
300 g Porree	waschen und in Ringe schneiden.
200 g Kartoffeln	schälen, würfeln.
5 Tomaten	und
50 g Schinkenspeck	ebenfalls würfeln.
3 EL Öl	erhitzen, den Speck auslassen, alle Zutaten dazugeben und anschwitzen lassen. 15 Minuten garen. Abschließend nach Geschmack mit
Salz, Pfeffer	und
Basilikum (frisch)	würzen.

66

Eine prachtvolle Kürbisernte

Bohnen, Beern un Speck

750 g feste Birnen	schälen, entkernen, in Stücke schneiden.
1 kg grüne Bohnen	putzen, in Stücke brechen.
500 g Kartoffeln	schälen und würfeln.
125 g Schinkenspeck	in Scheiben schneiden, in einen Topf legen. Dann folgen nacheinander Bohnen, Kartoffeln und zum Schluss die Birnen. Mit etwas
Salz	vorsichtig würzen.
375 ml Wasser (heiß)	dazugeben und bei geringer Hitze rund 30 Minuten kochen lassen. Mit etwas
Zucker	und nach Geschmack auch
Essig	würzen.

Grünkohl

67

Von Ilse Husfeldt, Kuhstorf

2 kg Grünkohl	von den Stielen zupfen, klein schneiden.
250 g Schweineschmalz	in einem großen Topf zerlassen, Grünkohl dazugeben.
1 Schweinebacke (geräuchert)	und
300 ml Wasser	mit in den Topf geben, etwa 1½ Stunden kochen lassen.

> *Der Grünkohl schmeckt erst nach den ersten Nachtfrösten. Seine Blätter entwickeln dann eine leicht süßliche Note. Grünkohl wird bei uns mit Schweinebacke, Kasselerbraten oder Mettenden serviert.*

Treckertanz in Glaisin

Mecklenburger Kohlrüben

750 g Kohlrüben (Steckrüben)	in Streifen schneiden.
750 g Schweinebauch	würfeln.
75 g Zwiebeln	hacken. Alles in
500 ml Wasser	aufsetzen und
1 Lorbeerblatt	
1 TL Salz	
½ TL Pfeffer	mit in den Topf geben. Etwa 15 Minuten kochen lassen.
750 g Kartoffeln	würfeln und dazugeben. Alles noch 30 Minuten köcheln lassen bis die Kartoffeln gar sind. Mit
Salz und Pfeffer	nach Geschmack würzen.

Ilses Apfelrotkohl

Ilse Husfeldt, Kuhstorf

2 kg Rotkohl	fein schneiden.
500 g Äpfel	schälen, in kleine Stücke schneiden.
1 Lorbeerblatt	
je 4 Pimentkörner, Pfefferkörner, Nelken	in ein Tee-Ei geben.
125 g Gänseschmalz	in einem großen Topf zerlassen, Rotkohl und Äpfel dazugeben.
200 ml Wasser	auffüllen. Das Tee-Ei mit in den Topf geben. Mit
Essig, Zucker, Salz	nach Geschmack würzen. 1 bis 1½ Stunden köcheln lassen, dabei aufpassen, dass der Kohl nicht zerfällt.

Alter Koppelzaun

Krause Glucke

1 Krause Glucke	kräftig waschen, in Scheiben schneiden, mit
Salz, Pfeffer	würzen.
1 Ei	in einem tiefen Teller aufschlagen.
100 g Semmelmehl	ebenfalls auf einen tiefen Teller geben und die Pilzscheiben erst im Ei und dann in den Semmelbröseln wenden.
50 g Butterschmalz	in einer Pfanne erhitzen und die panierten Pilze anbraten.

Die Krause Glucke findet man sehr oft in unseren heimischen Kiefernwäldern. Sie ist gebraten ein leckeres und schmackhaftes Abendessen. Einfach frisches Schwarzbrot und einen knackigen Salat dazu servieren und Ihre Gäste werden begeistert sein.

Kulturscheune Glaisin

Krause Glucke

Herzogszeiten in Ludwigslust

Ludwigslust – eine ach so junge Stadt. Noch nicht einmal 150 Jahre hat sie gesehen. Erst im Jahre 1876 wurde unserer kleinen Stadt das Stadtrecht verliehen. Da war der herzogliche Hof schon längst zurück nach Schwerin gezogen. Aber was haben wir nicht all unseren Herzögen zu verdanken?

Zuallererst natürlich unser prächtiges Jagdschloss. Erbaut aus einfachem Backstein und verziert mit feinsten Sandsteinplatten aus dem Riesengebirge. Diese wurden mit Schiffen über die Elbe und Elde bis nach Grabow gebracht und von dort aus mit Pferdefuhrwerken nach Ludwigslust transportiert. Im Inneren des Schlosses glänzt und funkelt es an jeder Ecke, aber es ist nicht alles Gold, was glänzt. Die Kassen des Herzogs waren leer, aber Prunk musste auch in einem Jagdschloss sein. Ein findiger junger Mann entwickelte den »Ludwigsluster Carton«, Pappmaché, der vergoldet und im Schloss überall verwendet wurde. Selbst im Park wurden Vasen und Skulpturen gestaltet, die Wind und Wetter trotzten.

70

Denkmal im Schlossgarten Ludwigslust

Historische Kutsche aus dem Kutschenmuseum Ludwigslust

Der Schlosspark ist ein wahres Kleinod an barocker Gartengestaltung. Viele Wasserspiele lassen den Besucher immer wieder etwas Neues entdecken und wenn man bedenkt, dass es vor 1770 kaum Wasserläufe in Ludwigslust gab, ist es doch eine beachtliche Leistung, die zu diesen Zeiten erbracht wurde. Eigens für die herzoglichen Wasserspiele wurde ein Kanal von der Lewitz bis zum Jagdschloss geschaffen. Von Menschenhand – und nicht wie heute mit Baggern und Maschinen. Gegenüber vom Schloss befindet sich die Stadtkirche. Ein riesiger Monumentalbau, der eher an einen ägyptischen Tempel als an eine Kirche erinnert. Im Inneren fällt der Blick sofort auf das übergroße Altargemälde, hinter dem sich die Orgel befindet. Auch dort findet man natürlich den »Ludwigsluster Carton«. Dem aufmerksamen Beobachter fällt sofort auf, dass weder die Stadtkirche, noch die Katholische Kirche oder die Stiftskirche einen integrierten Glockenturm haben. Alle stehen etwas abseits und rufen die Gläubigen zum Gebet.

Ludwigslust, eine fast künstlich erschaffene Stadt, lockt jedes Jahr Tausende Besucher und fasziniert durch klare Linien und eine in Mecklenburg einzigartige barocke Stadt- und Parkanlage.

71

Warten auf den Frühling
im Ludwigsluster Schlosspark

Kaskaden im Wind

Mecklenburger Spargelessen

2 kg Spargel	schälen und in einem großen Topf mit etwas
Salz, Zucker	und
Zitronensaft	weich kochen.
1 kg Kartoffeln (vorwiegend festkochend)	schälen und in
Salzwasser	garen.
250 g Butter	erhitzen und nur leicht anbräunen lassen. Den Spargel auf eine große Platte geben, mit etwas
Semmelmehl	bestreuen und mit der braunen Butter begießen. Die Salzkartoffeln werden mit
Petersilie	bestreut und zum Spargel gereicht.

Am besten reicht man dazu Mecklenburger Kloppschinken (Rezept Seite 94), rohen Schinken oder frisch gebratene Schnitzel.

72

Ortseingang Malk Göhren

Schützenzunft Glaisin

Steckrübenpüree

1,5 kg Steckrüben	würfeln und in
1 l Fleischbrühe	gar kochen, dann etwa 500 ml der Fleischbrühe abnehmen und die Steckrüben mit
80 g Butter (weich)	und der restlichen Flüssigkeit pürieren. Nach Bedarf noch Flüssigkeit dazugeben und mit
Salz, Pfeffer, Muskat	würzen.

Das Steckrübenpüree ist eine leckere Beilage zu Kasselerbraten (Rezept Seite 92) oder auch Kasselerkotelett.

Puffbohnen mit Speck

500 g Puffbohnen (Sau- oder auch dicke Bohnen)	in
Salzwasser	garen. Mit
Salz, Pfeffer	und
20 ml Zitronensaft	würzen.
75 g gewürfelter Bauchspeck	in einem Topf ausbraten.
60 g Zwiebeln	würfeln, andünsten und mit
50 g Butter	dazugeben, mit
Mehl	bestäuben, mit etwas Bohnenwasser verrühren, so dass die Soße sämig wird. Die Bohnen dazugeben.

Dazu schmecken Pellkartoffeln und Schnitzel oder auch Bratklops.

Eldedeich im Herbst

Erbsen und Möhren als Gemüsebeilage

500 g Möhren	schälen, in dünne Scheiben schneiden.
200 g frische grüne Erbsen	aus der Schote lösen und in einem Topf mit Wasser aufsetzen.
10 g Butter	zugeben und mit
Salz, Pfeffer	
1½ TL Zucker	würzen und 20 Minuten kochen lassen. Das Kochwasser abgießen und aufheben. In einem separaten Topf
50 g Butter	schmelzen. Mit
2 EL Mehl	verrühren und mit dem Kochwasser auffüllen. Wieder gut verrühren und aufkochen lassen. Erbsen und Möhren vorsichtig dazugeben.

Erbsen und Möhren sind eine klassische Gemüsebeilage. Mit Salzkartoffeln, Schnitzel, Jägerschnitzel oder auch Bratklopsen (Rezept Seite 84) sind sie ein leckeres Hauptgericht.

Blick vom Aussichtsturm Karenz

Karenzer Aussichtsturm

Gefüllte Gurken

2 kg Salatgurken	schälen, längs halbieren, Kerne herausschaben und die Gurkenhälften in eine gefettete Auflaufform geben.
400 g Hackfleisch	mit
50 g Speck	
90 g gekochter Reis (entspricht etwa 30 g rohem Reis)	und
2 Eier	vermischen. Mit
Salz, Pfeffer	kräftig abschmecken. Die Masse in die Gurken füllen.
500 g Joghurt	mit
3 EL Tomatenmark	verrühren und über die Gurken gießen, bei 170 °C etwa 30 Minuten garen.

Nach dem Garen mit frischem Dill bestreichen und mit Kartoffelpüree oder Weizenbrot servieren.

Blumendeko mit Rosen

Porreegemüse auf Bauernart

500 g Porree	klein schneiden. Zusammen mit
200 g Kasselernacken (am Stück)	in
1 l Wasser	etwa 30 Minuten kochen lassen.
250 g Hackfleisch	mit
Salz, Pfeffer	würzen, zu kleinen Bällchen formen. Das gegarte Kasseler aus der Brühe nehmen und die Hackklopse in dem Sud gar ziehen lassen. Mit etwas
Mehlschwitze	andicken. Das Kasseler klein schneiden und wieder in den Topf geben.

Dazu passen Salzkartoffeln.

Eiche am Wanzeberg

Heidegrab

Warme gefüllte Tomaten

8 große Fleischtomaten	Die Deckel abschneiden, Kerne herauslösen, in eine Auflaufform legen.
300 g Hackfleisch (gemischt)	
30 g Zwiebeln	klein schneiden und zur Hackmasse geben.
1 Brötchen (eingeweicht)	und
1 Ei	ebenfalls dazugeben, alles zu einer Hackmasse vermengen. Kräftig mit
Salz, Pfeffer	abschmecken. Die Tomaten mit der Masse füllen. Dann
8 Scheiben Speck	auf die Tomaten legen, bei 160 °C etwa 45 Minuten backen. Die Tomaten herausnehmen und aus dem Sud eine leckere Soße zubereiten. Dazu
200 g Joghurt	und
20 g Weizenmehl	in einem Topf mit dem Sud verrühren, aufkochen lassen und abschmecken.

77

Das Gericht mit Basilikum garnieren und mit Reis servieren.

Kremserfahrt, Glaisin

Pflug im lichten Nebel

Gefüllte Tomaten mit Quark

16 Kirschtomaten	Von jeder Tomate vorsichtig einen Deckel abschneiden, Kerne herauslösen. Nun
250 g Magerquark	
80 ml Milch	und
Schnittlauch (nach Geschmack)	miteinander vermischen. Dann noch
50 g Salatgurke	und
50 g Paprika	jeweils klein schneiden, ebenfalls untermischen. Die Masse in die Tomaten füllen.

Diese Tomaten sind ein leckeres Sommergericht und eine leichte Beilage zum Grillen.

Leckere Tomaten aus Wöbbelin

Gries' Gegend

Rudolf Tarnow

In Holt un Heid' un Ellernbrauk,
Wietaf von Striet un Larm,
Liggst du as buntgewörpelt Dauk,
Mien Heimat, weik un warm.

Dien Dannen stahn so statsch un stur,
Dien Saat dreggt lohnig Korn,
Dien Klockert lürrn in Moll un Dur,
Un Blaumen bläuhn in'n Gorn.

Un up dei Heid', in'n Sünnenschien,
Rückt dat so honnigsäut,
Dei Lerch, dei spält dei Vigelien,
Un Sprein dortau dei Fläut.

Doch ok in Näwel un in Nacht,
In Wäder för dei Deiw',
Wenn dei oll Ul in'n Bastboom lacht,
Hew ick di giern un leiw.

Dien Minschen gahn iehr'n stillen Gang
In tuge, dütsche Ort,
Sei hanneln, ahn tau räden lang,
Un Handslag gellt un Wort.

Dei Lüd, dei di nich kenn'n ün seihn,
Schirnp'n Griese Gegend di,
Lat s' tünen, wat kann di gescheihn.
Dat Räder steiht iehr frie.

Mi aewer is vull Sünnenschien
Dien Holt un Heid' un Sand,
Wo künnn dat ok woll anners sien,
Büst jo mien Heimatland!

Mohnblume

79

Sellerieschnitzel

1 kg Sellerie	schälen, in Scheiben schneiden, kurz in heißem Wasser halbweich garen, abtropfen lassen. Aus
2 EL Mehl	
1 Ei	
½ TL Salz	
1 TL Paprika (scharf)	sowie
2 EL Wasser	einen flüssigen Teig herstellen, die Selleriescheiben hineintauchen.
2 EL Margarine	erhitzen und die Schnitzel von beiden Seiten schön anbraten.

> *Dazu passen Petersilienkartoffeln und eine helle Kräutersoße.*

80

Sonnenaufgang am Wiesenrand

Alois aus Glaisin

Schmorgurken

	Einen großen Bräter mit
100 g Bauchspeck (in Scheiben)	auslegen, leicht ausbraten.
6 Schmorgurken	schälen, in Scheiben schneiden.
2 TL Salz	
1 TL Pfeffer	
2 EL Zucker	
2 EL Essig	mischen, über die Gurken geben, bei 160 °C schmoren lassen.

Die Schmorgurken bilden einen schmackhaften Bratensaft. Dazu passen Pellkartoffeln.

Eine schön restaurierte BMW. Im Hintergrund sieht man den Dömitzer Hafenspeicher.

Wanzeberg bei Göhren

Gebratene Pfifferlinge

500 g Pfifferlinge	putzen, vorsichtig von Schmutz befreien.
25 g Butter	in einer Pfanne erhitzen, Pilze dazugeben.
50 g Bauchspeck	und
70 g Zwiebeln	würfeln und mit in die Pfanne geben, anschmoren, bis die ganze Flüssigkeit verkocht ist. Nach Belieben mit
100 ml Sahne	verfeinern und mit frischer
Petersilie	dekorieren.

Glaisiner Steinpilzpfanne

750 g Steinpilze	putzen, halbieren.
25 g Butter	in einer Pfanne erhitzen, Pilze dazugeben.
50 g Bauchspeck	und
70 g Zwiebeln	jeweils würfeln und mit in die Pfanne geben. Anschmoren, bis die ganze Flüssigkeit verkocht ist. Nach Belieben mit
200 ml Sahne	verfeinern und mit frischer
Petersilie	dekorieren.

Steinpilze im Wald

Der Blitz hat eingeschlagen im Schlosspark Ludwigslust.

Eingelegte Senfgurken

5 kg Einlegegurken	in Scheiben schneiden und in die schon vorbereiteten Gläser füllen.
500 g Senf	
250 g Zucker	
100 g Salz	und
750 ml Essig	mit
1 l Wasser	aufkochen, dann in die Gläser verteilen.
2 TL Senfkörner	
60 g Zwiebeln (gewürfelt)	und nach Bedarf
Dill, Dillblüten	ebenfalls auf die Gläser verteilen. Die Gläser fest verschließen und einige Tage an einem kühlen Ort durchziehen lassen.

83

Ein Ort zum Genießen

Lilienblüte in voller Pracht

Bratklopse

700 g Hackfleisch (gemischt)	
90 g Zwiebeln	fein hacken, dazugeben.
1 Ei	
1 Brötchen vom Vortag (eingeweicht)	und
1 TL Salz	
½ TL Pfeffer	sowie
2 TL Senf (mittelscharf)	ebenfalls dazugeben. Alle Zutaten kräftig vermischen, kleine Bällchen formen und in
3 EL Pflanzenöl	anbraten.

> *Dazu passen frische Möhren, Salzkartoffeln und eine Petersiliensoße.*

84

Am Wanzeberg bei Göhren

Heidelandschaft mit Spaziergängerin bei Ludwigslust

Königsberger Klopse

Von Ilse Husfeldt, Kuhstorf

Die Klöße

500 g Hackfleisch (gemischt)
2 Brötchen (eingeweicht)

1 Ei	mit
Salz, Pfeffer	und
1 Zwiebel (klein geschnitten)	zu einem Teig verkneten. Kleine Kugeln formen, in kochendes Salzwasser legen und so lange ziehen lassen, bis sie nach oben kommen (etwa 15 Minuten). Die Klöße herausnehmen und den Sud aufheben.

> *Nach Belieben können auch klein geschnittene Sardellen oder kleine Salzgurken mit in die Klopsmasse beziehungsweise in die Soße gegeben werden.*

Die Soße

30 g Butter	in einem breiten Topf schmelzen.
1 EL Mehl	dazugeben und verrühren. Mit dem Fleischsud vermischen und mit
1 Eigelb	abziehen. Dann mit
Zitronensaft	
Kapern	und
Zucker	nach Geschmack süß-sauer abschmecken.

85

Ziehbrunnen in Glaisin

Hinterhof eines Fachwerkhauses in Ludwigslust

Falscher Hase

Von Ilse Husfeldt, Kuhstorf

1 Brötchen (vom Vortag)	in kaltem Wasser einweichen.
1 kg Hackfleisch	mit
Salz, Pfeffer	
Muskat	würzen. Dann
1 Zwiebel	klein hacken,
2 Eier	zugeben, kräftig durchkneten. Nach Geschmack noch einmal würzen. Die Masse zu einer länglichen Form formen. In einer Pfanne kräftig anbraten und im Backofen bei 180 °C garen.

Ländlicher Holzstapel

Partystimmung auf dem Glaisiner Forsthof

Aus der Forsthofküche:
Rippenrollbraten gefüllt mit Backobst

1 ganzes Stück dicke Rippe (etwa 2,5 kg)	Schwarte und Rippen abtrennen, flach aufschneiden und mit
200 g Zwiebeln (in Streifen)	sowie
300 g Backobst (gemischt)	füllen. Mit
Salz, Pfeffer	würzen. Den Braten der Länge nach aufrollen, mit Küchengarn fixieren und bei 165 °C etwa 2 Stunden im Backofen mit etwas Wasser garen. Den Bratenfond in einen Topf gießen. Mit
1 EL saure Sahne	und
1 EL Speisestärke	binden. Das Fleisch in Scheiben schneiden und auf Tellern anrichten.

87

Mecklenburger Rollbraten wird bei uns im Forsthof mit hausgemachtem Apfelrotkohl und Petersilienkartoffeln serviert.

Hochsitz im Herbst

Hund wartet auf Häppchen.

Schweineschlachten

Von Christel Scholz, Ludwigslust

Wenn früher ein Schwein geschlachtet wurde, war das ein Fest für die ganze Familie, aber es war auch mit einem großen Haufen Arbeit verbunden. Die Schweine wogen damals gut 3½ bis 4 Zentner und waren noch richtige »Öko-Schweine«.

Frühmorgens kam der Schlachter. Im Waschkessel kochte schon das Brühwasser. Trog, Krummholz und Leiter waren bereitgestellt, dann wurde das Schwein aus dem Stall geholt und es quiekte ganz jämmerlich. Als Kind habe ich mir immer die Ohren zugehalten. Es wurde mit einem Schlag vor dem Kopf betäubt und dann wurde es an der Kehle gestochen. Das Blut strömte dann heraus und musste in einem Ge-

Freilandschwein auf der Wiese

88

fäß aufgefangen und tüchtig gerührt werden, damit es nicht gerinnt. Es wurde dann noch durch ein feines Sieb gegossen und kalt gestellt.

Das Blut wurde später für die Blut- und Grützwurst gebraucht. Das nun gebrühte und von Borsten befreite Schwein wurde am Krummholz befestigt und auf eine Leiter gebracht, die dann mit dem Schwein an der Hauswand aufgestellt wurde. Dann wurde das Schwein aufgeschnitten und von allen Innereien befreit. Herz, Lunge, Leber und Nieren kamen in die Küche zur weiteren Verarbeitung. Auch die Flomen und das Fett des Schweins kamen dorthin. Dann kam eine recht eklige Arbeit: Die Därme und der Magen mussten geleert und mit Alaun gereinigt werden. Beides brauchte man, um sie später mit Wurstmasse zu füllen. Es gab auch Kunstdärme zu kaufen aber erst einmal wurden die Naturdärme verwendet. Bei all dieser Arbeit gab es immer einen ordentlichen Schluck aus der Flasche.

Abends, wenn das Schwein richtig ausgekühlt war, wurde es vom Schlachter zerlegt. Alles, was später in den Rauch kam, nahm sich mein Großvater vor und brachte es in die von ihm vorbereitete Pökellake. Dann wurde das Fleisch für die Mettwurst geschnitten und durch den Fleischwolf gedreht. Wir hatten immer eine große Holzmolle voll, dann kamen die Gewürze dazu und alles musste gut verknetet werden. Manche ließen ihre Wurst auch vom Schlachter machen, aber wir haben das immer selber gemacht. Meine Großeltern und später auch meine Mutter verstanden sich bestens darauf. Zwischendurch gab es Abendbrot, es gab frisches Kotelett oder Bratklopse vom frisch durchgedrehten Mett. Das war immer ein echter Genuss. Die Mettwurst wurde immer noch am Abend fertig gestopft, gebunden und aufgehangen. Am nächsten Tag ging sie dann in den Rauch.

Am zweiten Tag wurde dann in der Früh all das Fleisch, das für die Kochwürste nötig war, abgekocht. Leber, Herz und Nieren kamen mit in die Leberwurst. Die Großeltern waren immer darauf bedacht, dass die ganze Leber mit in die Wurst kam, sonst schmeckte sie nicht. Viele Leute nahmen sich erst mal ein Stück zum Braten ab. Jetzt wurde alles für die Leberwurst klein geschnitten und zweimal durch den Fleischwolf gedreht. Zum Frühstück gab es dann ganz heiß ein Stück Wellfleisch aus dem Brühkessel. Dazu Schwarzbrot, Salz, Pfeffer und wer wollte, ein wenig Senf. Natürlich durfte auch dazu ein klarer Schnaps nicht fehlen.

89

Festumzug in Grebs

Dann kamen all' die anderen Wurstsorten an die Reihe wie zum Beispiel Blutwurst, Lungenwurst, Presskopf und Grützwurst. Die Blutwurst wurde mit Speckstückchen und Schweinezunge verfeinert. In den Presskopf kam das Fleisch von Kopf und Pfoten hinein und wurde dann in den Schweinemagen gefüllt. Die ganze Kochwurst wurde dann im Kessel abgekocht. Hierzu war ein gutes Fingerspitzengefühl erforderlich. Es durfte nicht zu sehr kochen, sonst konnte der Darm platzen. Zuletzt wurde immer die Grütz- und Süßwurst gekocht. Schwarzsauer war nie mein Fall, aber in die süße Blutwurst konnte ich mich »reinlegen«. Wenn es Grützwurst gab, dann wurde immer ein Stück süße Blutwurst mitgebraten und dafür ließ ich dann alles stehen. Als ich noch recht klein war, füllte meine Großmutter immer etwas von der frisch angerührten Süßwurst in ganz dünne Därme. Diese Wurst kam dann mit in den Rauch und wurde nachher in Butter gebraten. Das war jedes Mal ein Festessen für mich. Dann waren da noch die Flomen, sie wurden klein geschnitten und ausgebraten zum Griebenschmalz. In einen Teil kamen Äpfel dazu und das war dann das gute Apfelgriebenschmalz. Auf Schwarzbrot mit Salz – eine Delikatesse!

Ja, aus so einem Schwein ließ sich allerhand machen und man musste ja auch das ganze Jahr davon Leben. Wer es sich leisten konnte, schlachtete auch zwei- oder dreimal Schweine im Jahr. Beim Schlachter in der Stadt wurde damals nicht allzu viel gekauft, höchstens mal Rindfleisch.

Mir fällt noch ein, dass mein Großvater immer ein Kuheuter beim Schlachter kaufte, wenn wir ein Schwein geschlachtet hatten. Es kam mit in die Pökellake und in den Rauch und danach wurde es gekocht. In feine Scheiben geschnitten, war dieses Kuheuter ein ganz delikater Brotbelag. Ich erinnere mich auch, dass der Schlachter diesen Aufschnitt in seinem Laden verkaufte, aber der von Großvater schmeckte eindeutig besser.

Auch räucherte mein Großvater von Gänsen die Brust. Dazu holte er sich vom Schlachter Rinderfilet, umwickelte dieses mit der Gänsebrust, pökelte es für einige Zeit und brachte es dann in den Rauch. Dies war ebenfalls etwas ganz Delikates und es kam meist zu Weihnachten auf den Abendbrottisch.

Kräuter schneiden für das Schlachten

Mecklenburger Schweinebraten

500 ml Bier	
1 EL Rübensirup	und
2 EL Essig	zu einer Marinade verrühren.
1 kg Schweinenacken	damit einreiben. Den Braten in einen Bräter geben. Dann
2 mittelgroße Zwiebeln	
2 Lorbeerblätter	
10 Backpflaumen	sowie
Salz, Pfeffer, Piment (nach Bedarf)	und
500 ml Wasser	mit in den Bräter geben und etwa 2 Stunden bei 170 °C schmoren lassen. Den Sud anschließend durch ein Sieb gießen und mit etwas
Soßenbinder	andicken.

Backpflaumen dazu servieren.

91

Kein Ort mehr zum Verweilen ...

Buchenwald im Spätsommer

Wellfleisch nach Omas Art

1 kg Schweinebauch (frisch, ohne Schwarte)	in Scheiben schneiden. Das Fleisch mit
1,5 l Wasser	in einen Topf geben. Mit
1 TL Salz, ½ TL Pfeffer	
1 EL Majoran (getrocknet)	würzen und
1 große Zwiebel	dazugeben. Alles zusammen etwa 90 Minuten leicht köcheln (wallen) lassen.

> *Mit selbst gemachtem Sauerkraut und Petersilienkartoffeln servieren. Wellfleisch ist ein typisches Schlachteessen.*

Kasselerbraten mit Backobst

1,5 kg Kasselernacken (im Stück)	
je 5 Pimentkörner, Pfefferkörner	
100 g Zwiebeln	und
80 g Backpflaumen	zusammen in einen Bräter geben. Mit
Wasser	auffüllen, so dass der Boden bedeck ist und im Backofen bei 160 °C etwa 2 Stunden garen.

Backsteinkirche in Eldena

Gebratene Leber mit Stampfkartoffeln

Von Tobias Klüß, Ludwigslust

750 g Kartoffeln (mehlig kochend)	schälen, in kleine Stücke schneiden, in
Salzwasser	garen. In der Zwischenzeit
500 g Schweineleber	zerteilen, in
100 g Weizenmehl	mehlieren. Die garen Kartoffeln abgießen und zerstampfen. Dabei etwa
150 ml Milch (warm)	dazugeben, so dass ein nicht zu flüssiger Brei entsteht. Noch einmal mit
Salz	abschmecken und warm stellen.
3 große Zwiebeln	abziehen, in Scheiben schneiden.
3 EL Pflanzenöl	erhitzen. Die Leber in dem Öl schön anbraten (sie muss gut durchgebraten sein!). Dann mit
Salz, Pfeffer	würzen und warm stellen. In dem Bratenfond
100 g Butter	auflösen und die Zwiebeln darin gut anschwitzen lassen. Stampfkartoffeln zusammen mit der Leber anrichten und den Zwiebelfond darüber gießen.

93

Knackiger Winter

Jägerschnitzel wie zu DDR-Zeiten

2 Eier	in einem tiefen Teller verquirlen.
100 g Semmelmehl	ebenfalls in einen tiefen Teller geben.
8 dicke Scheiben Jagdwurst	jeweils erst in den Eiern wenden und dann mit Semmelmehl panieren.
3 EL Öl	in einer Pfanne erhitzen und die Jagdwurstscheiben nacheinander darin braten.

Dazu serviert man ganz klassisch Erbsen & Möhren zum Überfüllen und Salzkartoffeln.

Mecklenburger Kloppschinken

250 g roher Schinken	in 5 mm dicke Scheiben schneiden, vorsichtig »kloppen« (klopfen). Den Schinken in
200 ml Milch	einlegen, etwa 1 Stunde ruhen lassen. In der Zwischenzeit den Ausbackteig wie folgt anrühren:
250 g Mehl	mit
1 TL Backpulver	und
1 Ei	verrühren. Den Schinken durch den Backteig ziehen.
2 EL Öl	in einer Pfanne erhitzen, den Kloppschinken darin goldgelb ausbraten.

Kloppschinken gehört zu einem traditionellen Spargelessen mit frisch gekochten Kartoffeln dazu.

Neues Leben auf alten Stuppen

Rückensteaks vom Wildschwein

1 Zwiebel	und
100 g Schinkenspeck	würfeln.
2 EL Butter	in einer Pfanne erhitzen. Beides darin glasig dünsten.
500 g Steinpilze (frisch oder gefroren)	putzen, dazugeben, schön anbraten, kräftig mit
Salz, Pfeffer	würzen. Mit
50 ml Sahne	verfeinern.
4 Wildschweinrückensteaks	abtupfen, in heißem
Butterschmalz	vorsichtig anbraten. Nach dem Braten mit
Salz, Pfeffer (frisch gemahlen)	würzen. Auf 4 Tellern anrichten. Die Steinpilze darüber verteilen und mit
Petersilie (frisch gehackt)	bestreuen.

Mit frischem Salat und einem rustikalen Schwarzbrot servieren.

Blick auf Klein Schmölen

Fliegenpilz im Wald

Grütze mit Fleisch

500 g Bauchfleisch, Schwarte oder Kopffleisch	und
500 g Schweinenacken	in
1 l Wasser	zusammen im Topf mindestens 1½ Stunden kochen lassen. Das gare Fleisch aus dem Sud nehmen (den Sud aufheben), das Fleisch vom Knochen lösen und zusammen mit
4 – 6 Zwiebeln	durch einen Fleischwolf drehen. Die Masse wieder in den Sud geben. Jetzt
500 g Gerstengrütze Salz, Pfeffer	mit
5 Pimentkörner	sowie
2 Lorbeerblätter	in der Brühe garen, erkalten lassen.

> Zu einem besonders schmackhaften Gericht wird die Grütze, wenn sie im Bratfett mit einigen Zwiebelwürfeln angebraten wird. Als Beilage eignen sich Bratkartoffeln oder Salzkartoffeln.

96

Mohnblumenwiese, Kalliß

Der MC Cormick von Wilhard Friel aus Glaisin

Kartoffelwurst

Von Metzgermeister Uwe Antes, Erfinder und Produzent

Kartoffelwurst werd' ich genannt,
nicht nur in Mecklenburg bin ich bekannt.
Denn ich schmeck würzig, rauchig fein,
das muss bei einer Wurst wie ich sie bin, so sein.
Wie kam ich eigentlich zu diesem Namen, fragten die Besucher auf dem Markt,
die zu mir kamen.
In schlechten Zeiten wurde ich einstmals produziert,
und in den guten Zeiten dann probiert.
Kartoffeln, Fleisch und gemahlene Pfefferschote geben mir die besondere Note.
Man isst mich heiß, man isst mich kalt,
begehrt bin ich bei jung und alt.
Frisch aus dem Rauch, bin ich weich und zart,
lässt man mich hängen, werde ich hart.
Ob auf Brot, Brötchen oder in der Suppe, wie man mich isst, das ist mir schnuppe.
Doch eines lasst mich noch betonen, mit mir kann man seinen Fettspiegel schonen.

97

Uwe Antes in seinem Stand beim
Kartoffelfest in Glaisin

Wald bei Verklas

Gebackenes Huhn

1 gekochtes Huhn	in gleichmäßige Stücke schneiden.
1 Ei	verquirlen.
100 g Semmelmehl	auf einem Teller bereitstellen. Die Hühnerteile panieren und in einer Pfanne mit
Butter	anbraten.

Dazu passen Salzkartoffeln und ein knackiger Salat.

Hühnerfrikassee mit Reis

1 gegartes Suppenhuhn	Nur das wirklich weiße Fleisch in Würfel schneiden.
50 g Butter	in einem großen Topf erhitzen.
3 EL Mehl	einstreuen, anschwitzen lassen. Mit
1 l Geflügelbrühe	ablöschen, schön verrühren so dass sich keine Klümpchen bilden. Nun mit
20 ml Zitronensaft	
1 EL Zucker	
1 TL Salz	süß-sauer abschmecken. Das Hähnchenfleisch dazugeben und vorsichtig erhitzen.
150 g Reis	gar kochen und dazu servieren.

Scherenschleifer in Glaisin

Glaisiner Raubritter-Huhn

1 Hähnchen	zerteilen. Mit
Salz, Pfeffer	würzen und die Hähnchenstücke auf einem tiefen Backblech verteilen.
100 g Butter	dazugeben, dann 20 Minuten bei 160 °C im Ofen anschmoren lassen.
200 g Möhren	
100 g Sellerie	und
100 g Zwiebeln	klein schneiden, mit auf das Blech geben, noch einmal 30 Minuten schmoren lassen.
1 l Lübzer Pils	über das Hähnchen gießen, weitere 30 Minuten schmoren. Der so entstandene Bratenfond wird nicht gebunden, sondern einfach zu den gebackenen Hähnchenteilen serviert.

Das Ritterhuhn wird wie zu Raubritter Riebes Zeiten mit den Händen gegessen. Den Sud stippt man mit Weizenbrot auf und isst dieses dazu. Dazu gehört ein kräftiges Bier.

99

Viehhaus Glaisin, 1850 erbaut: Hier war das Vieh untergebracht, aber auch Magd und Knecht hatten hier ihren Schlaf- und Arbeitsplatz. Heute bietet es Platz zum Tagen und Feiern für rund 70 Personen.

Osterglocken auf der Blumenwiese

Ludwigsluster Kaninchen

1 küchenfertiges Kaninchen	bereit halten. Zunächst eine Füllung herstellen. Dafür
1 Kaninchenleber	fein hacken und
50 g Speck	fein würfeln. Beides mit
300 g Hackfleisch	
20 g Thymian	sowie
Salz, Pfeffer	gut vermischen. Die Masse in den Bauch des Kaninchens füllen, zunähen oder mit Rouladennadeln verschließen.
50 g Butter	in einen Bräter geben und das Kaninchen von beiden Seiten anbraten. Mit
500 ml Gemüsebrühe	auffüllen und 1 Stunde bei 165 °C garen. Das Kaninchen zerteilen und auf einer Bratenplatte anrichten, warm stellen.
100 g saure Sahne	und
50 g Mehl	verquirlen und den Bratenfond damit andicken. Die Soße zu dem Kaninchen servieren.

100

Dazu schmecken Rotkohl und Petersilienkartoffeln.

HGV-Messe Ludwigslust

Gedeckter Tisch für ein romantisches Abendessen auf dem Forsthof Glaisin

Mecklenburger Entenbraten

1 küchenfertige Ente	gut auswaschen und von innen mit
1 EL Salz	einreiben.
3 Äpfel (ganz)	
100 g Backpflaumen	
1 TL Majoran	mischen und in die Ente füllen. Falls Füllung übrig bleibt, diese im Bräter verteilen, mit Wasser auffüllen, so dass der Boden bedeckt ist und im Backofen mit Deckel bei 180 °C etwa 1 Stunde backen. Dann den Deckel entfernen und bei 160 °C noch etwa 2 Stunden weiter schmoren lassen. Zwischendurch einmal die Ente drehen und immer wieder mit dem Bratensud begießen.

Der Entenbraten schmeckt mit selbst gemachtem Rotkohl (Rezept Seite 68) und Kartoffelklößen (Rezept Seite 44).

101

Buchen im Schlosspark Ludwigslust

Zeltlager beim Burgfest in Neustadt-Glewe

Jagdkommando

Von Hartwig Wedemeyer, Salzhausen

Immer, wenn ick hüt na Glaisin fohr, denn gah ick äten im Forsthof. Wildsülze mit Bratkatüffel, dat schmeckt mi ganz besonners gaud. Und mine Gedanken gahn trüch in de Johre 1951 bis 1953. Söstig Johr is dat her. In disse Tied bin ick tauhop mit 14 anner Jungs Waldarbeiterlehrling in Glaisin west und 12 hem in Forsthof wahnt, wo hüt de scheunen Gästezimmer sünd. Wi hem fähl liehrt, nich bloß Waldarbeit ok so manches von Wald un Wild un von de Jagd. De wär domals lütt beeten anners as hüt. Dat gäv nur Doppelflinten de mit »Brennecke« lad ward. Aber wer ging op de Jagd? Förster, Buern, wenn se »tauverläßich« wirn und de Volkspolizei, all tohop wär dat ein »Jagdkommando«, upstellt hauptsächlich tau Bejagung von Wildschwin, de ock dormals schon düchtig tau Schaden günnen. De Volkspolizei verdelten de Flinten un sammelten se na de Jagd werrer in.

Wi müssten mal werrer ran as Drieber wie so oft, in Leussow, Conow, im Hornwald, eben ok bi uns in Glaisin. Dat Jagdkommando käm an. De Förster kämem meistens mit Fahrrad, Hannes Polzer, Heine, Piersdorf und wie se alle heiten dehn. Uns Chef in Glaisin, Revierförster Lichan har de Leitung. Dorbi ok de Leiter des St. F. B (Staatlicher Forstwirtschaftsbetrieb Ludwigslust) Ernst Gorny mit sinen DKW ut Sperrholz mit Fahrer, und sine Foxterrierhündin Susi, de beste »Saufinder« im Betrieb.

Tau irst güng dat in den Kastellang. Disse Deel des Reviers Glaisin ein Mischwaldgebiet is wunnerschön und wildreich aber nich so gaud tau lopen för Driewers. Bruchwald, Dickungen, hohes Farnkraut, allens dorbi. – De Schützen harn ok schon por Schwatkittel tau Strecke bröcht, un Susi wär bi uns Driewers. Plötzlich harn wie »Schweinegeruch« in de Näs, unverwesselbor för Jägers. Und Susi fangt an tau scharren und wat käm dort unner dat Lov taun Vörschien? Ein grote Kieler. Nu möt ick erklären, dat wär in Dezember, un de »Rauschzeit« von de Sauen in vollen Gang. De Einschuß wär tau sehn, wohrschinlich mit Karabiner gewildert. Dat Drieben würd abblasen, we treckt den Kieler an den Weg. Un wie bestellt, käm en Gespann angezockelt.

Rapsfeld am Wanzeberg

Lichan: »Wo wollen Sie hin?« De Kutscher: »Ick will Holt halen.« Lichan: »Hier gibt es kein Holz zu holen. Wo kommen Sie her?« – »Ut Menkendörp.« – »Warum haben Sie Stroh auf dem Wagen?« – »Dat har ick noch lingen.« Natürlich wull hei dat Schwin holen, aber hei wir nich tau kriegen.

Un dann wär Meddach. Wi Lehrlinge, meud, hungrig, natte Feut, harn keen Lust mehr tau drieben. Einen von uns seggt:
»Kollege Gorny, wir streiken. Wir wollen endlich auch mal ein Schwein für unsere Küche haben«. Stille. So wat har dat noch nich gäben. Streiken! Und dat bin Aufbau des Sozialismus! Und Kollege Gorny seggt dann en Satz denn ick min Läben lang nich vergätt: »Ihr seid wohl nicht ganz Mannekacke!« – Na kort un gaud. We kregen en Schwin un twor den ruschigen Kieler.

Nu is Wildschwinbraten ja eine Delikatesse Aber nich uns Kieler! Vierteigen Dag hem wi dorvon äten. Gulasch, Supp, und noch wat anners. Wenn wi mit Fohrrad von de Arbeit kämen, den Geruch von de Köck harn wi schon up 100 Meter in de Näs. Aber »Hunger treibs rein«, da wär domals so, un is hüt nich mehr vorstellbar.

Nu sünd wi in alle Winde zerstreut, veele ock nich mir op de Ierd, aber immer wenn man ein dröppt von de ollen Kollegen, dann kümmt dat: »Weißt du noch, damals im Kastellang, mit den Streik und dem rauschigen Keiler?« **103**

Ausgestopfter Fuchs in Glaisin

Hirschsteaks mit Johannisbeersoße

4 Hirschrückensteaks	mit
4 Scheiben Frühstücksschinken	umwickeln und mit einem Zahnstocher fixieren.
2 EL Pflanzenöl	erhitzen. Die Steaks von beiden Seiten braten, mit
Salz, Pfeffer	würzen, warm stellen.

Die Johannisbeersoße

150 g Johannisbeergelee	und
1 TL Senf (mittelscharf)	mit
50 ml Orangensaft	erhitzen, kurz einreduzieren lassen. Nach Geschmack würzen.

> *Servieren Sie die Steaks einfach mit ein paar leckeren Bratkartoffeln und ein wenig Kräuterbutter.*

Entenfamilie auf dem See

Die Hagebutte ist mit reichlich Samen gefüllt.

Wildsauerfleisch

500 g Wildbret
(z.B. Schulter)
1 große Zwiebel
1 Lorbeerblatt
je 3 Pfeffer-, Pimentkörner
4 Wacholderbeeren

> *Das fertige Wildsauerfleisch mit deftigen Bratkartoffeln servieren.*

und

in einem großen Topf mit reichlich Wasser gar kochen (das Fleisch ist gar, wenn es sich vom Knochen lösen lässt). Das Wildbret in grobe Stücke schneiden, in einer flachen Form verteilen. Den Wildfond durch ein Sieb gießen und nochmals aufkochen. Mit

Zucker
Essig
Salz

schön süß-sauer abschmecken. Dann

2 EL Gelatine

mit dem Fond verrühren, die Fleischstücke in einer breiten Schale verteilen und den Fond darüber gießen, mindestens 2 Stunden kalt stellen.

105

Sonnenblumen

Sonnenaufgang am Feldrand

Kaninchen mit Backpflaumen

Etwa 12 Backpflaumen	
3 EL Rosinen	
6 EL Goldbrand (oder Cognac)	zusammen über Nacht einweichen.
1 Kaninchen	zerlegen. Die Kaninchenteile mit
2 EL Mehl	bestäuben und in einem großen Bräter in
3 EL Öl	scharf anbraten.
50 g Speck	würfeln.
100 g Zwiebeln	ebenfalls würfeln. Beides zum Fleisch geben und mit anbraten. Danach etwa
1,5 l Wasser	aufgießen und mit
Salz, Pfeffer, Thymian	nach Geschmack würzen. Das eingelegte Backobst dazugeben und im Ofen rund 90 Minuten bei 160 °C schmoren lassen. Die Kaninchenteile aus dem Bräter entnehmen und warm stellen. Den Sud durch ein feines Sieb gießen und noch einmal aufkochen lassen. Mit
Rotwein	nach Geschmack abschmecken.

Die 24 Wassersprünge im Schlosspark Ludwigslust sind zugefroren.

Mecklenburger Hirschrouladen

4 dünne Hirschschnitzel (aus der Keule)	mit
Salz, Pfeffer	würzen.
2 Zwiebeln	in Scheiben schneiden.
75 g Champignons	in dünne Scheiben schneiden.
1 Möhre	sowie
100 g Sellerie	putzen und würfeln. Jede Roulade nun mit 1 Scheibe von
4 Scheiben Frühstücksspeck	belegen. Dann
4 Backpflaumen	
4 getrocknete Aprikosen	
4 gehackte Walnüsse	auf alle Rouladen verteilen. Aufrollen und mit einer Rouladennadel fixieren.
50 g Butterschmalz	erhitzen, Rouladen kräftig anbraten. Sollte Füllung übrig sein, diese einfach mitbraten. Nun
1 Lorbeerblatt	
5 Wacholderbeeren	
500 ml Wildfond	und
250 ml Rotwein (trocken)	dazugeben, etwa 40 Minuten schmoren lassen. Die Rouladen herausnehmen, den Bratensaft durch ein Sieb gießen und noch einmal aufkochen.
100 ml Sahne	zugeben und etwas einkochen lassen.

Als Beilage eignet sich Apfelrotkohl (Rezept Seite 68) mit Kartoffelklößen (Rezept Seite 44) oder auch selbst gemachte Kartoffelkroketten mit Williams-Christ-Birnen und einem Löffel Wildpreiselbeeren.

Winterlandschaft an der Schleuse

Hecht in Sahnesoße

1 Hecht (küchenfertig, etwa 1,5 kg)	säubern, trocken tupfen. Mit
20 ml Zitronensaft	beträufeln und mit
1 TL Salz	kräftig salzen. Den Hecht mit
125 g fetter Speck (in Scheiben)	spicken, beziehungsweise umwickeln. Ein tiefes Backblech mit
20 g Butter	fetten.
400 g Kartoffeln (vorwiegend festkochend)	schälen, halbieren, mit auf das Blech legen. Den Hecht mit offenem Bauch darauf setzen.
50 g Butter	leicht erwärmen und den Fisch damit vorsichtig bestreichen.
2 Zwiebeln	vierteln.
2 Möhren	putzen, in gleichmäßige, nicht zu kleine Stücke schneiden. Ebenfalls auf das Blech geben, bei 175 °C etwa 30 Minuten backen.
125 g saure Sahne	und
1 EL Mehl	verrühren, über das Blech verteilen, 20 Minuten weiter backen. Nun den Hecht mit dem Gemüse auf einer Platte warm stellen. Den Fond in einen Topf gießen.
40 ml Weißwein (trocken)	dazugeben, aufkochen und noch einmal mit
Salz, Pfeffer	abschmecken.

> *Dazu passen Petersilienkartoffeln und ein Kopfsalat.*

Nutze doch das Ökoklo ...

Brathering

8 frische, grüne Heringe	ausnehmen, reinigen und mit
Salz	würzen. Die Fische in
200 g Mehl	wenden.
2 EL Öl	erhitzen. Die Heringe darin anbraten.

Die Marinade

1 Zwiebel	in Scheiben schneiden. Zusammen mit
1 EL Senfkörner	
5 Pfefferkörner	und den Heringen in eine Schüssel legen. Nun
250 ml Wasser	und
250 ml Essig	zusammen aufkochen, etwas abkühlen lassen und in die Schüssel gießen. 1 bis 3 Tage ziehen lassen.

109

Holz frisst Stahl.

»Schlüsselblume« sucht sich einen Weg.

Karpfen auf Sauerkraut

Von Roland Engel, Kummer

2 kg Karpfen (frisch)	ausnehmen, säubern, in Portionsstücke teilen und mit
Salz	würzen, beiseite stellen.
250 g Speck (durchwachsen)	
4 Zwiebeln	beides würfeln, in einem Topf scharf anbraten.
1 kg Sauerkraut	mit in den Topf geben und kräftig durchrühren. Das Kraut mit
Salz, Pfeffer	
Paprika (scharf)	nach Geschmack würzen. 30 Minuten ziehen lassen. Dann die Hälfte des Sauerkrautes in eine Schmorpfanne geben, die Karpfenstücke darauf verteilen und mit dem restlichen Kraut bedecken, bei 150 °C etwa 1 Stunde schmoren.

 110

> *Dazu schmecken Stampfkartoffeln. Aus den Fischresten lässt sich eine leckere Fischbrühe kochen.*

Fischer Piel in Glaisin

Matjesfilet nach Hausfrauen Art

8 Matjesfilets	gut abtupfen, auf 4 Tellern anrichten.

Die Hausfrauen-Soße

1 Apfel (sauer)	schälen, entkernen und würfeln.
2 Gewürzgurken	und
1 Zwiebel	würfeln. Alle Zutaten mischen und
200 g saure Sahne	unterrühren. Die Soße mit
Salz, Pfeffer, Zucker	nach Geschmack würzen. Soße zu den Matjesfilets reichen.

Als passende Beilage dienen frisch gebratene Bratkartoffeln oder auch zwei dicke Scheiben Krustenbrot.

111

Speckstippe zu Salzheringen

100 g Speck	würfeln und
90 g Zwiebeln	fein würfeln. In
50 g Butter	in einer Pfanne schön anbraten. Mit
1½ EL Mehl	bestäuben, alles verrühren und mit
150 ml Wasser	aufgießen, umrühren. Kräftig mit
Salz, Pfeffer	abschmecken.

Früher gab es bei uns nur Salzhering zu kaufen, weil er durch seine Konservierung lange haltbar war. Heutzutage isst man die Speckstippe auch zu Matjesfilets mit frisch gekochten Pellkartoffeln.

Die Elde bei Schnee und Eis

Pichersches Holzfest in den Kummerschen Buchen

Von Christel Scholz, Kummer

Das war auch so ein großes Fest wie jedes Jahr, das sich keiner entgehen ließ. Da kamen die Leute aus der ganzen Umgebung zusammen. Das Holzfest war bekannt und ein Fest für Jung und Alt. In einer Lichtung in den Kummerschen Buchen organisierte die Gemeinde Picher dieses Fest. Es wurde ein großes Festzelt mit Tanzfläche aufgestellt. Da gab es Karussell, Buden mit Kuchen und Würstchen, Süßigkeiten und Eis und natürlich gab es im Zelt auch genügend zu trinken. Zwei Tage dauerte dieses Spektakel. Das Schöne für die jungen Leute war wohl der lange Weg nach Hause, durch den dunklen Wald. Auch konnte man mit der Liebsten schnell mal ganz unauffällig verschwinden. Aus Spaß fragte immer einer den anderen »Na, hast Du schon eine Buschkarte?«.

Nun war ich auch schon ein paar Jahre aus der Schule, das heißt, ich war so süße 16/17 Jahre alt und war noch nicht ein Mal zum Holzfest gewesen. Meine Mutter hielt mich in dieser Beziehung recht kurz. Nun war es wieder einmal soweit. Holzfest war angesagt und das Wetter konnte besser nicht sein. Die Sonne schien warm und klar vom Himmel, kein Regen und kein Gewitter waren angesagt. Ich bettelte meine Mutter immer und immer wieder an, sie möge mich doch endlich mal zum Holzfest gehen lassen. Eine zwei Jahre ältere Freundin versprach meiner Mutter hoch und heilig, mich mitzunehmen und auch nachts um 12 Uhr wieder zu Hause abzuliefern. Endlich hatten wir es geschafft, Mutter gab nach! Aber wehe ich käme um 12 Uhr nicht nach Hause!!! Ich versprach ja nun alles, was Mutter verlangte und war froh, als ich mittags endlich mit meiner Freundin losziehen konnte. Alles war für mich wunderschön und die Zeit verging im Fluge. Bevor ich mich richtig besann, war es nachts 11 Uhr. Oh je, wenn ich um 12 Uhr zu Hause sein sollte, dann wurde es aber höchste Eisenbahn! Aber meine Freundin war nirgends zu finden. Hatte sie wohl eine »Buschkarte«?

Endlich sah ich sie, aber sie hatte nun gar kein Verständnis für mich. Es würde schon nicht so schlimm werden, wenn ich etwas später nach Hause käme. Sie hätte nun wirklich noch keine Lust nach Haus zu gehen. Mir aber war die Lust am Fest

Hagenower Oldies spielen zum Tanz auf.

vergangen, ich kannte doch meine Mutter! Was sollte ich machen? Angst hatte ich vor dem Donnerwetter zu Hause, aber Angst hatte ich auch vor dem langen Weg allein durch den dunklen Wald und das auch noch zur Geisterstunde. Endlich ein Lichtblick: unsere Nachbarsleute waren auch gekommen, die würden mich doch wohl mit nach Hause nehmen? »Ja«, sagten sie, »natürlich nehmen wir dich mit nach Hause. Mach dir mal keine Gedanken, wir bleiben nur noch eine Stunde. Wir werden deiner Mutter schon alles erklären.« Na, wohl war mir ja nun gar nicht. Noch eine Stunde und die Uhr ging schon auf zwölf zu. Viel vor 2 Uhr morgens konnten wir wohl kaum zu Hause sein. Au weia!

Als wir dann endlich zu Hause vor der Tür standen, war es 2 Uhr geworden. Wir klopften und meine Mutter riss die Tür auf, als hätte sie dahinter gewartet. Unsere Nachbarn kamen gar nicht erst zu Wort und ich erst recht nicht. Rumms, schmiss sie den Nachbarn die Tür vor der Nase zu. Und dann bekam ich das heilige Donnerwetter! Das hatte ich nun von meinem ersten Holzfest! Am nächsten Tag hatte Mutter sich wohl etwas beruhigt und auch unsere Nachbarn waren gekommen, um von meinen Ängsten zu erzählen. Sie meinten, es wäre doch vernünftig gewesen, nicht alleine den Weg zu gehen, und so weiter und so weiter ... Der Sturm hatte sich nun gelegt, aber mit dem Ausgehen war es erst mal vorbei – ich hatte so genannten »Hausarrest«.

Holzspielzeug auf dem Kartoffelfest Glaisin

Überbackener Ostseedorsch

4 Dorschfilets	in eine Auflaufform legen und mit
20 ml Zitronensaft	
1 TL Salz	würzen.
2 Stangen Porree	
1 Zwiebel	und
1 Möhre	putzen, klein schneiden.
20 g Butter	erhitzen und das Gemüse darin andünsten. Zusammen mit
4 Tomaten	in Scheiben schneiden, abwechselnd um das Fischfilet verteilen. Nun aus
200 ml Sahne	
125 ml Milch	
2 EL Speisestärke	und
½ TL Senf	sowie
Salz, Pfeffer	eine schmackhafte Soße zubereiten und in die Auflaufform gießen. Mit
150 g Gouda (gerieben)	bestreuen und 20 Minuten bei 165 °C backen.

Dazu schmeckt frisch ausgebackenes Weizenbrot.

114

Glaisiner Landfrauen beim Festumzug

Die alte Molkerei; Festumzug Glaisin 2007

Karpfen, blau

1 Karpfen (etwa 2,5 kg)	ausnehmen und säubern, nicht schuppen! Die Schleimschicht muss erhalten bleiben, damit er sich blau färben kann.
125 ml Essig	erhitzen, über den Karpfen gießen und 10 Minuten warten. Den Essig auffangen und in einem großen Topf zusammen mit
125 ml Weißwein (trocken) 6 Pfefferkörner 1 Nelke 1 Lorbeerblatt	sowie
1 Zwiebel ½ Zitrone	und
1 TL Salz	aufkochen. Den Karpfen vorsichtig hineinlegen und etwa 20 Minuten gar ziehen lassen.

> *Bei uns wird Karpfen ganz traditionell an Sylvester oder auch an Karfreitag serviert. Ganz klassisch mit Petersilienkartoffeln, zerlassener Butter und Meerrettichcreme.*

115

Kaskaden mit Ludwigsluster Kanal

Schlosspark Ludwigslust im Herbst

Pina Sandora (für ein Cocktailglas)

Vom Lugwigsluster Schloss-Café

4 cl Batida de Coco

100 ml Sanddornnektar
mit Honig

80 ml Orangensaft

Sahne (steif geschlagen)

1 Physalis

Alle Zutaten in ein Cocktailglas schichten. als Sahnehaube obenauf setzen. Mit dekorieren.

Leicht gekühlt mit Eiswürfeln und Sahnehaube genießen.

Gesammelte Hühnergötter

Gaudi in Glaisin

Prickelnder Sanddorn

Vom Lugwigsluster Schloss-Café

4 cl Sanddornlikör	und
400 ml trockener Sekt (eisgekühlt)	auf 4 Sektgläser verteilen und mit
4 Physalis	dekorieren.

Sanddorneisbecher

Vom Lugwigsluster Schloss-Café

8 Kugeln Vanilleeis	auf 4 Eisbecher verteilen.
8 cl Sanddornlikör	über das Eis geben.
200 ml Sahne	schlagen und die Eisbecher damit garnieren.

117

Abgeblühter Löwenzahn

Hinteransicht Schloss Ludwigslust

Angeschmiert

Von Christel Scholz, Ludwigslust

Es war noch Krieg. Mein Vater war wieder einmal auf Heimaturlaub gekommen und dann waren wir beide unzertrennlich. Meine Mutter war darüber manchmal sehr wütend. »Wenn ihr noch den ganzen Tag zusammenhockt, dann könnt ihr auch in den Wald gehen und Pfifferlinge sammeln«, meinte sie.

Nichts lieber als das! Und so gingen wir beide in den Wald, um zum Mittag eine ordentliche Portion Pfifferlinge zu suchen. Eigentlich gab es damals noch reichlich Pfifferlinge, aber diesmal konnten wir einfach keine finden. Wir hatten im Körbchen gerade mal so den Boden bedeckt und das reichte nicht hin und nicht her. »Weißt du was«, sagte mein Vater, »wir schmieren Mutti ein bisschen an. Guck mal, hier wachsen so viele Brombeeren. Wir pflücken nun den Eimer voll mit Brombeeren und legen die Pfifferlinge obenauf. Dann denkt Mutti, wir haben den ganzen Eimer voller Pfifferlinge.« Das war ja nun was, Mutti anschmieren – da war ich dabei. So, wie Vater es gesagt hatte, so wurde es gemacht.

118

Nun gingen wir schnell nach Hause. Mutti lobte uns, weil wir so fleißig Pfifferlinge gesammelt hatten. Nun wollte sie die aber gleich fertig machen, das sollte uns wohl schmecken! Vater und ich schauten uns an und grinsten. Als sie den Eimer nun ausschütten wollte, merkte sie, was los war und fing tüchtig an zu schimpfen. Aber Vater beruhigte sie schnell wieder und so gab es zum Mittag dann Brombeersuppe mit Grießklöße und das ist ja auch ein feines Essen. Aber amüsiert haben wir beide uns doch noch tüchtig, hatten wir Mutti doch ganz schön angeschmiert.

Eine Menge Pilze

Pilzvielfalt in der Griese Gegend

Sanddornplätzchen

250 g weiche Butter	
250 g Zucker	und
2 Eier	schaumig rühren. Mit
2 EL Sanddornkonfitüre	
300 g Mehl	
1 TL Backpulver	zu einem Mürbeteig verkneten und 1 Stunde kalt stellen. Danach den Teig ausrollen und kleine Kreise ausstechen. Im Backofen bei 170 °C 10 Minuten backen.

Biergarten mit Blick auf das Viehhaus in Glaisin

119

Landfrauen der GLP in Glaisin

Möhren-Sanddorn-Müsli (für 2 Portionen)

Von Heruth & Wegert Sanddornspezialitäten, Ludwigslust

3 – 4 Möhren	putzen und mittelfein raspeln.
250 ml Sanddornnektar	und
1 EL Honig mit Sanddorn	dazugeben.
2 EL Haferflocken	untermischen.
100 ml Sahne	steif schlagen und vorsichtig unterheben.
2 EL Walnüsse	über das angerichtete Müsli streuen und servieren.

120

Bergbaudenkmal, Malliß

Sanddorn in Ludwigslust

Sanddorn-Milch

Von Heruth & Wegert Sanddornspezialitäten, Ludwigslust

4 EL Sanddornsirup	
500 ml kalte Milch	und
2 TL Vanillezucker	mit einem Mixer auf höchster Stufe verrühren, auf 4 Gläser verteilen und eisgekühlt servieren.

Sanddorn-Eismix

4 Kugeln Vanilleeis	und
800 ml Sanddornnektar mit Honig	auf 4 Cocktailgläser verteilen. Mit
200 ml Sahne (steif geschlagen)	sowie
2 TL Pistazien (gehackt)	verzieren und mit Strohhalmen servieren.

121

Fliege auf einem Blatt

Waldweg im Herbst

Burgen in der Griesen Gegend

Leider sind von den wohl einstmals vielen Burgen nicht viele erhalten geblieben. Man darf sich unter diesen Burgen natürlich nicht riesige Gebäude wie die in Neustadt-Glewe oder in Dömitz vorstellen. Es waren meist Holzburgen, die in morastigen oder schwer zugänglichen Gebieten erbaut wurden, um schon einen natürlichen Schutz gegen ankommende Feinde zu haben. Der wohl bekannteste ist Raubritter Riebe, der seine Burg unterhalb von Glaisin erbaut haben soll und der, der Überlieferung nach gegen Heinrich den Löwen gekämpft hat. Zu erkennen sind die Umrisse der Burg anhand des Burggrabens. Der Rest wurde leider 1291 dem Erdboden gleich gemacht.

Doch wer waren eigentlich diese Raubritter? Es waren Männer, die nach dem Reichtum der Herrscher gierten und nicht länger Untertanen eines Herzogs oder Fürsten sein wollten. Sie kämpften gegen den Hochadel und brandschatzen alles, was ihnen in den Weg kam.

122

»Raubritter Riebe« Wilhard Friel

Schloss Ludwigslust

Die Burgwallanlagen in Menkendorf sind auch heute noch gut zu erkennen und anhand einer Schautafel sehr gut für Besucher zu begreifen. Vermutlich im 9. Jahrhundert errichteten die Slawen diese Burg und nutzten sie bis zum Ende des 12. Jahrhunderts. Nicht nur in Menkendorf, sondern in der gesamten Griesen Gegend hinterließen die Slawen ihre Spuren und so lässt sich an vielen Ortsnamen wie zum Beispiel Leussow oder auch Kummer erkennen, dass sie hier einmal zu Hause waren.

Die Festung Dömitz wurde von 1559 bis 1565 erbaut, um das Herzogtum Mecklenburg nach Südwesten zu sichern. Die Burganlage ist ein riesiger Backsteinkomplex mit fünfeckigem Grundriss. Sie wurde nicht nur als Militärstützpunkt genutzt, sondern zwischendurch auch als Irrenanstalt und Gefängnis. Bekanntester Insasse war der Schriftsteller Fritz Reuter, der in seinem Buch »Ut miner Festungstid« von seinen Erlebnissen dort berichtet.

Wer mit wachem Auge durch die Griesen Gegend fährt, wird bemerken, dass es hier kaum Gutshäuser gibt. Das liegt daran, dass es bei uns kaum Landadel gab. Die Bevölkerung teilte sich in wenige wohlhabende Bauern (zu erkennen an den großen Bauernstellen) und in die Tagelöhner, Knechte und Mägde, die entweder mit auf den Bauernstellen oder in einfachen Katen lebten.

123

Burgfest Neustadt-Glewe

Kultstätte Alt Jabel

Mecklenburger Sanddornsommer
(für 2 Portionen)

Von Heruth & Wegert Sanddornspezialitäten, Ludwigslust

250 ml Sanddornnektar	
3 EL Sahne	
1 EL milder Honig	und
2 EL zerstoßenes Eis	mit einem Mixer kräftig mixen. Auf zwei Gläser verteilen und mit
250 ml Apfelsaft	auffüllen.

Sanddorn-Quarkspeise

124

500 g Quark	
3 EL Sanddornkonfitüre	und
2 EL Vanillezucker	miteinander verrühren und in kleinen Portionsgläsern servieren.

Gaststube »Zum Forsthof«, Glaisin

Duftige Rosenblüte

Zucchini-Sanddorn-Suppe

Von Heruth & Wegert Sanddornspezialitäten, Ludwigslust

600 g Zucchini	schälen, die Kerne entfernen und würfeln.
80 g Zwiebeln	ebenfalls würfeln.
2 EL Pflanzenöl	erhitzen, die Zwiebeln darin glasig dünsten, Zucchini dazugeben und mit
1 EL Sanddornsoße	
1 TL Salz	und
1 l Gemüsebrühe	auffüllen. Etwa 15 Minuten garen, danach pürieren. Nun
2 EL Honig (flüssig)	
50 ml Sahne	und
50 ml Zitronensaft	unterrühren und nach Bedarf abschmecken.
100 ml Sahne	steif schlagen und auf den Tellern verteilen. Die Suppe mit Sanddornsoße servieren.

125

Heidelandschaft mit Kiefern in der Nähe von Ludwigslust

Gänse auf dem Hof – leckerer Weihnachtsbraten

Äpfel in Weißwein

4 große Äpfel (Boskoop)	waschen, Kerngehäuse ausstechen.
4 EL Johannisbeergelee	
50 g Rosinen	und
80 g geröstete Mandelstifte	miteinander vermischen und in die Äpfel füllen. In eine Auflaufform setzen und mit
200 ml Weißwein (trocken)	auffüllen. Im heißen Backofen bei 160 °C etwa 25 Minuten backen und zum Servieren mit
100 g Zucker	und
1 TL Zimt	bestreuen.

Bratäpfel

4 große Äpfel (Boskoop)	waschen, das Kerngehäuse ausstechen.
4 EL Preiselbeeren	und
100 g Butter	in die Öffnung füllen. Mit
100 g Zucker	bestreuen und im Backofen bei 170 °C rund 15 Minuten backen.

Mit Vanillesoße servieren. Früher wurden die Bratäpfel an langen Winterabenden im heißen Ofenrohr zubereitet.

Alte Waage im Backhaus Glaisin

Apfelklöße

600 g Äpfel	schälen, entkernen und sehr klein schneiden. Die Apfelstückchen mit
180 ml Wasser	
½ TL Salz	und so viel
Mehl	verkneten, dass ein geschmeidiger Teig entsteht. Nun
1,5 l Wasser	aufkochen. Von dem Teig kleine Klöße abstechen und in dem Wasser gar ziehen lassen. Wenn sie oben schwimmen, sind sie gar.

Die Apfelklöße mit Zimt und Zucker bestreuen und mit gebräunter Butter übergießen. Heiß servieren!

Reiche Ernte an Johannisbeeren

Fallende Festpuppe

Semmelauflauf

Von Ilse Husfeldt, Kuhstorf

12 Brötchen (vom Vortag)	in Scheiben schneiden, in eine Auflaufform geben.
500 g Äpfel	schälen, in kleine Stücke schneiden, mit in die Form geben.
500 g Zucker	
80 g gehackte Mandeln	
125 g Rosinen	in der Form verteilen.
2 Eier	trennen. Das Eiweiß steif schlagen.
500 – 750 ml Milch	mit dem Eigelb mischen und darüber gießen.
40 – 50 g Butter	in Flöckchen obenauf verteilen. 45 bis 60 Minuten bei 160 °C backen. Den Eischnee auf der Masse verteilen und im Ofen leicht braun werden lassen.

128

Welch eine Blütenpracht!

Puppen zur Glaisiner Jahrfeier

Hochzeit im Mekelburger Land

Hochzeit feiern war bei uns schon immer ein großer Spaß und auch schon immer mit einer Menge Arbeit verbunden. Nicht jeder konnte es sich leisten in eine Gastwirtschaft zu gehen. Also wurden alle Stuben ausgeräumt. Tische und Stühle aus dem ganzen Dorf herbei geschafft und eine Köchin engagiert. Nur durch gute Beziehungen kamen wir an guten Westkaffee, Würstchen vom Ludwigsluster Fleischkombinat, Dosenananas vom Delikatladen und Günther schmuggelte uns Damenfeinstrumpfhosen.

Los ging es dann endlich mit dem Polterabend. Das ganze Dorf kam zum Gratulieren. Bis in den frühen Morgen wurde damals bei uns gefeiert. Viel Schlaf kam da nicht zusammen, denn um 8 Uhr erschien die gesamte Familie zum gemeinsamen Frühstück. Die Braut wurde nebenbei festlich zurechtgemacht und zur Trauung gefahren. Nach der Trauung gab es dann ein gemeinschaftliches Mittagessen. Es musste ausreichend Essen für 70 Personen gekocht werden, wobei unsere Köchin von drei weiteren Frauen unterstützt wurde, die schon Tage vorher mit der Vorbereitung beschäftigt waren.

129

Zur Kaffeezeit gab es 28 verschiedene Kuchen und Torten, die von den Gästen eifrig gebacken worden waren. Getanzt wurde in einer extra Stube, wo eine Band aus Schwerin spielte. Die jungen Männer mussten die ganze Nacht ausharren, weil erst am nächsten Morgen der Zug zurückfuhr und auch die letzten Gäste erst gegen 7 Uhr wieder unser Haus verließen.

Thomas & Beatrice Kruse auf dem
Forsthofensemble in Glaisin

Raben aus Edelstahl

Dampfnudeln

Von Ilse Husfeldt, Kuhstorf

125 ml Milch	leicht erwärmen.
20 g Hefe	und
50 g Butter	in der Milch auflösen. Mit
40 g Zucker	
250 g Mehl	und
1 Ei	zu einem Hefeteig verkneten. 1 Stunde an einem warmen Ort gehen lassen. Den Hefeteig ausrollen und mit
50 g Butter (zerlassen)	bestreichen.
20 g Mandeln	hacken. Die Mandeln mit
40 g Rosinen	und
50 g Zucker	über den Teig streuen. Den Teig in Streifen schneiden und aufrollen. Die Rollen in eine Auflaufform legen, 15 Minuten gehen lassen.
40 g Butterflöckchen	auf den Rollen verteilen, dann 15 Minuten bei 160 °C backen. In der Zwischenzeit
200 ml Milch	
40 g Vanillezucker	verrühren, über die Auflaufform verteilen und noch einmal 45 Minuten backen.

Zu den Dampfnudeln schmeckt Backobst oder auch einfach nur eine Zimt-Zucker Mischung.

Leuchtende Malve

Hefeplinsen

Von Ilse Husfeldt, Kuhstorf

2 Eier	trennen, das Eiweiß steif schlagen.
750 ml Milch	leicht erwärmen und darin
30 g Hefe	auflösen.
40 g Butter	
50 g Zucker	und
400 g Mehl	mit dem Milch-Hefe-Gemisch verrühren. Die Eigelbe in den Teig einarbeiten und 1 Stunde gehen lassen. Dann das geschlagene Eiweiß dazugeben.
125 g Rosinen	unterheben, in heißem
Fett	Plinsen ausbacken.

Dazu schmeckt sehr gut selbst gemachter Apfelkompott.

131

Schweizerhaus Ludwigslust

Telleregge nach Arbeitseinsatz

Mecklenburger Götterspeise

10 Scheiben Schwarzbrot (vom Vortag)	in Stücke brechen und zerkrümeln, in 4 Gläser schichten.
750 g Sauerkirschen (aus dem Glas)	in einem Topf mit
200 g Zucker	
1 Zimtstange	und
20 ml Zitronensaft	aufkochen, abkühlen lassen und die Zimtstange entnehmen.
8 cl Kirschwasser	auf dem Schwarzbrot verteilen. Dann die Kirschen darauf geben.
400 ml Sahne	mit etwas
Zucker	steif schlagen und auf die Gläser verteilen. Mit
Schokolade (gerieben)	bestreuen und servieren.

Fritz Reuter-Gedenkstein, Malliß

Weg in Karstädt-Grabow

Rhabarbersuppe mit Grießklößen

Die Rhabarbersuppe

750 g Rhabarber	klein schneiden und mit
600 ml Wasser	in einem Topf garen.
1 Pck. Vanillepuddingpulver	mit
500 ml Milch	nach Packungsanleitung anrühren, mit in den Topf geben und aufkochen lassen. Die Fruchtsuppe mit
Vanillezucker	
Zucker	nach Geschmack verfeinern.

Die Grießklöße

180 ml Milch	
1 TL Butter	und
4 TL Zucker	zusammen aufkochen lassen.
60 g Weichweizengrieß	unterrühren und zum Schluss
1 Ei	dazugeben. Mit zwei Teelöffeln kleine Klöße abstechen und in die Suppe geben.

Unsere Rhabarbersuppe schmeckt sowohl kalt als auch warm sehr erfrischend.

133

Bahnhof in Neu Kalliß

Buntes Rindvieh

Mein schönes Quast

Da stand ich nun mitten im tiefen Wald! Ganz alleine, und dunkel wurde es nun auch noch. Wäre ich bloß mit den großen Bengels von der Schule nach Hause gegangen, aber nein, als lütte Dirn musste ich ja immer alles besser wissen. Nie im Leben hatte ich mir vorgestellt, dass der Weg von unserer Dorfschule in Alt Jabel bis nach Quast – alleine – so unheimlich sein konnte. Jeden Baum kenne ich hier und auch jeden Abzweig durch die Jabeler Heide, selbst jeder Sandhügel ist mir normalerweise bekannt – aber heute? Konnte ich mich etwa verlaufen haben? War da etwa ein Heulen zu hören? Mein Großvater hat uns früher immer von einem Wolfsrudel erzählt, das ganz in der Nähe von Ramm gejagt haben soll ... Aber so ein Quatsch, heute gibt es doch keine Wölfe mehr in der Griesen Gegend! Ich hatte doch eine Heidenangst.

Vielleicht sollte ich einfach auf eine der hohen Kiefern klettern, dann könnte ich vielleicht ein Licht entdecken, das mir den Weg nach Hause zeigen könnte? Aber nein, außer Fichtengipfel gab es nicht viel zu sehen. Also stapfte ich immer weiter. Mir fiel sogar auf, was für eine endlose Heidelandschaft unser schönes Dorf umgab. War da etwa gerade eine Kreuzotter über den Weg gekrochen? Hilfe, ich hasse doch

Portal der Ruine der Michaeliskirche, Alt Jabel

Heidelandschaft bei Ludwigslust

diese Tiere. Erst letzte Woche war eine Ringelnatter an unserer Regentonne und versperrte mir den Weg. Die Dämmerung setzte immer mehr ein. Vielleicht muss ich mir doch einen Unterschlupf suchen zum Schlafen?

Morgen früh würden mich bestimmt alle suchen und mich mit nach Hause nehmen. Auf einmal hörte ich ein Motorengeräusch. Wer sollte das denn noch so spät sein? Das Geräusch kam immer näher und auch ein Lichtkegel war deutlich zu erkennen. Ich stellte mich an den Wegesrand und fing kräftig an zu winken. Das Auto kam näher und als es anhielt, erkannte ich, dass es ein Militärfahrzeug der NVA war. Die beiden Soldaten befragten mich, was ich denn hier so alleine mitten im Wald machen würde. Ich erzählte meine Geschichte und sie boten mir an, mich nach Hause zu fahren.

Zwei Wochen später erfuhren wir, warum überhaupt ein NVA-Fahrzeug bei uns in der Nähe war. Wir wurden umgesiedelt und unser schönes Quast wurde Teil des Truppenübungsplatzes Lübtheen. Noch gerne denke ich an die Zeit dort zurück und beim »Quasttreffen«, welches von der Bundeswehrkommandantur veranstaltet wird, treffe ich auf alte Freunde und gute Erinnerungen. Aber auch schlechte sind dabei, die uns erkennen lassen, dass ein Zusammenhalt wie in unserem Dorf sehr fehlt.

135

Unendliche Weiten

Haus mit rotem Herbstlaub

Rote Beerengrütze

100 g rote Johannisbeeren

100 g schwarze Johannisbeeren

200 g Himbeeren

200 g Erdbeeren

100 g Heidelbeeren   alle putzen und waschen. Die Früchte mit

500 ml Wasser

500 ml Fruchtsaft (Kirsch oder Johannisbeere)   und

300 g Zucker   in einem großen Topf aufkochen lassen.

50 g Speisestärke   mit etwas Wasser verrühren, vorsichtig unterrühren und einmal kurz aufwellen lassen. Im Kühlschrank kalt stellen und immer wieder umrühren, damit sich keine Haut bildet.

> *Dazu reicht man Vanillesoße und/oder Schlagsahne.*

136

Kirche in Alt Jabel von innen

Beeren im Schnee

Schokoladenspeise

30 g Gelatine	
6 EL Wasser	verrühren, 15 Minuten quellen lassen.
500 ml Milch	erhitzen. Mit
4 EL Zucker	und
3 EL Backkakao	aufkochen lassen, mit der Gelatine verrühren. In der Zwischenzeit
250 ml Sahne	steif schlagen. Wenn die Kakaocreme zu gelieren anfängt, die geschlagene Sahne vorsichtig unterrühren.

Errötende Jungfrau (Buddermelkspies)

30 g Gelatine	in etwas Wasser einweichen.
500 ml Himbeersaft	erhitzen, Gelatine im Saft auflösen, langsam (!) erkalten lassen.
500 ml Buttermilch	und
75 g Zucker	verquirlen und den Himbeersaft unterrühren, kalt stellen.

137

Ein erfrischender Nachtisch – gerade im Sommer sehr beliebt und bei Kindern sehr gern gesehen.

Blick ins weite Land

Hofanlage in Göhren

Selbst gemachtes Apfeleis mit Brombeersoße

Das Apfeleis

250 g Äpfel (Boskoop)	schälen, entkernen. Die Äpfel in
125 g Zucker	
2 EL Wasser	weich kochen, pürieren und abkühlen lassen.
300 ml Sahne	steif schlagen und die Apfelmasse unterrühren. Dann alles in einen Plastikbehälter füllen, einfrieren und etwa alle 30 Minuten durchrühren, gefrieren lassen.

Die Brombeersoße

350 g Brombeeren	mit
4 TL Wasser	
5 TL Zucker	pürieren, durch ein Sieb drücken. Dann in einem Topf rund 1 Minute kochen lassen.

> *Die Brombeersoße schmeckt am besten heiß zu dem selbst gemachten Apfeleis.*

138

Sonnenblume vor dem Viehhaus in Glaisin

Aussichtsturm Karenz

Sekt-Creme

4 Eigelb	und
2 Eier	in einem Topf kräftig verrühren.
125 g Zucker	einrieseln lassen.
500 ml Sekt (trocken)	dazugeben. Bei geringer Hitze zu einer festen Creme aufschlagen, vom Herd nehmen.
20 g Gelatine	auflösen, zu der Creme geben.
4 Eiweiß	steif schlagen und unterheben. Die Creme in Dessertgläser verteilen.

Mit frischer Sahne und einigen Erdbeeren verzieren.

Frauenmantel mit Wasserperlen

Treckerspur in Menkendorf

Die Pfingstlaube

Eine Pfingstlaube zu erbauen ist ein alter Brauch, der auch heutzutage immer mehr gehegt wird. In der Nacht zu Pfingstsonntag bauen die jungen Mädchen und Knaben aus Birken- und Weidenzweigen eine Laube, in der dann am Pfingstsonntag kräftig gespeist, gelacht und getrunken wird. Meist wurde sich in aller Früh' getroffen um im ganzen Dorf Eier zu sammeln, die dann in der Eiersammelstelle eingetauscht wurden. Wer allerdings zu diesem Treffen zu spät kam, wurde als Pfingstochse mit bunten Blumenkränzen geschmückt und vor den Wagen gespannt.

Zitronencreme

Von Ilse Husfeldt, Kuhstorf

140

3 Eier	trennen, das Eiweiß steif schlagen.
60 g Zucker	sowie Saft und abgeriebene Schale von
½ Zitrone	mit dem Eigelb schaumig rühren.
3 Blatt Gelatine	in
3 EL Wasser	auflösen, mit der Eimasse verrühren. Zum Schluss den Eischnee vorsichtig unterheben, kalt stellen.

Wanderdüne in Klein Schmölen

Pflaumenklöße

Von Valerie Stelzner, Ludwigslust

500 g Mehl	
1 TL Backpulver	
1 Ei	und etwa
200 ml Wasser	zu einem nicht zu festen Teig verrühren. Er muss sich noch gut ziehen lassen.
20 Pflaumen	waschen, nicht entsteinen und mit dem Teig umwickeln.
3 l Wasser	in einem großen Topf erhitzen, die Klöße hineingeben, gar ziehen lassen.
200 g Butter	erhitzen, leicht anbräunen, warm stellen. Dann
100 g Zucker	mit
50 g Semmelbrösel	mischen, über die fertigen Pflaumenklöße verteilen und mit der heißen Butter übergießen.

141

Es ist wichtig, die Kerne in den Pflaumen zu belassen (und am Ende zu zählen, wer die meisten gegessen hat). Das Umwickeln der Pflaumen erfordert ein wenig Fingerspitzengefühl, aber nach der fünften Pflaume hat man den Dreh raus.

Rapsfeld im Sonnenschein

Schafherde auf der Weide

Apfeltorte

Von Ilse Husfeldt, Kuhstorf

6 Eier	trennen, Eiweiß steif schlagen, beiseite stellen. Nun
250 g Butter	
250 g Zucker	mit dem Eigelb schaumig schlagen.
3 Äpfel	schälen, in kleine Stücke schneiden.
50 g Zucker	überstreuen.
1 Kartoffel	schälen, reiben. Mit den Äpfeln unter die Eigelbmasse geben. Zum Schluss das Eiweiß unterheben. Im Ofen bei 170 °C in einer Springform backen. Mit
Sahne (steif geschlagen)	servieren.

Eierlikör-Topfkuchen

500 g Margarine	
350 g Zucker	und
1 Prise Salz	schaumig rühren.
8 Eier	sowie
250 ml Eierlikör	einrühren und
500 g Mehl	mit
2 TL Backpulver	einarbeiten. Bei 160 °C in einer Napfkuchen-Form etwa 70 Minuten backen.

Die reich verzierten Ostereier warten auf ihre Finder.

Schoko-Kirsch-Kuchen

300 g Sauerkirschen (entsteint)	mit etwa
100 ml Wasser	zum Kochen bringen.
2 EL Speisestärke	mit etwas kaltem Wasser anrühren, zu den Kirschen geben, einmal aufkochen lassen und kalt stellen. Für den Teig
250 g Butter	
250 g Zucker	und
4 Eier	schaumig rühren.
200 g Mehl	
1 TL Backpulver	dazugeben, kräftig verrühren und
2 EL Backkakao	unterheben. Sollte der Teig zu fest sein, mindestens
50 ml Sahne	unterrühren, nach Bedarf auch eventuell mehr. Den Teig in einer Springform verteilen, die Kirschgrütze darauf geben (klecksweise) und bei 160 °C mindestens 70 Minuten backen.

143

Am Schlossgarten

Paddeln auf der Elde

Gewürzplätzchen

Von Ilse Husfeldt, Kuhstorf

1 EL Honig	zerlassen. Mit
240 g Kandiszucker (zerstoßen)	
2 Eier	schaumig rühren. Dann
500 g Mehl	
2 TL Backpulver	
40 g gemahlene Nüsse	
10 g Zimt	und
40 g Zitronat (gehackt)	in die Eimasse rühren, alles verkneten. Den Teig ausrollen, kleine Kreise ausstechen und auf einem gefetteten Backblech bei 140 °C etwa 15 Minuten backen. Mit
Zuckerglasur	bestreichen.

144

Zauberhafte Griese Gegend

Hefekuchen

350 ml Milch	erwärmen, aber nicht kochen lassen.
1 Würfel Hefe	mit
70 g Butter	in der handwarmen Milch auflösen, in eine große Schüssel geben.
100 g Zucker	
1 Ei	
½ TL Salz	und etwa
700 g Mehl	miteinander verkneten. Dabei nur so viel Milch dazugeben, dass der Teig nicht mehr an den Händen klebt. Nach Geschmack belegen.

> *Bei meiner Oma gibt es den Hefekuchen sehr oft mit Apfelscheiben belegt und bei 170 °C etwa 30 Minuten im Ofen gebacken. Nach dem Backen wird der Kuchen mit Zucker bestreut und serviert.*

Strohballen, gut verpackt

Pflanzen am Baum

Schnelle Ludwigsluster Sanddornschütteltorte

Von Heruth & Wegert Sanddornspezialitäten, Ludwigslust

1 Tortenboden	in einen Tortenring spannen.
400 ml Sahne	in eine Schüssel geben.
4 TL Sahnesteif	
200 g Vanillecremepulver (z.B. Paradiescreme)	sowie
100 ml Sanddornsaft	und
100 ml Sanddornsoße mit Honig	zugeben. Die Schüssel fest (!) verschließen und kräftig schütteln. Die Masse auf dem Boden verteilen und kalt stellen, nach Geschmack dekorieren.

146

Der Schlosspark kommt zur Ruhe.

Steinerne Brücke, Ludwigslust

Grabower Schokokuss-Kuchen

4 Eier	
100 g Zucker	gut schaumig rühren.
100 g Mehl	
1 TL Backpulver	vorsichtig unterheben. Bei 160 °C 15 Minuten einen Biskuitboden backen, auskühlen lassen. Von
12 Schokoküsse (z.B. Grabower)	die Waffel entfernen, beiseite stellen. Das Übrige mit
250 g Quark	mischen.
400 ml Sahne	etwa 5 Minuten steif schlagen. Mit dem Quark und der Schokokussfüllung kräftig verrühren. Auf dem Biskuitboden verteilen, die Waffeln darauf verteilen, 1 Stunde im Kühlschrank kühlen.

Weihnachtskekse

147

Von Rita Klüß, Ludwigslust

1 kg Mehl	
500 g Zucker	
500 g Butter	mit
4 Eier	und
3 TL Backpulver	zu einem Teig verkneten. Über Nacht kalt stellen. Am nächsten Tag ausrollen, Plätzchen ausstechen und bei 160 °C etwa 10 Minuten backen. Nach Belieben dekorieren.

Vogelspuren im Schnee

Mein schönster Heiligabend oder Weihnachten 1945

Von Christel Scholz, Ludwigslust

Der Krieg war vorbei. Frieden war wieder im Lande. Aber das war auch so ziemlich das einzig Gute in dieser Zeit. Unsere deutsche Heimat war von den vier Besatzungsmächten besetzt und aufgeteilt. Das Land war voll von Flüchtlingen und es gab wohl keine Familie, die nicht irgendeinen lieben Menschen durch den Krieg verloren hatte. Auch mein Vater war noch im Dezember 1944 gefallen, da war ich 8 Jahre alt. Aber wir hatten ja noch ein Dach über dem Kopf. Und wenn es mit dem Essen auch mal ein bisschen mau aussah, wir wurden doch immer noch satt.

Wie schlecht ging es den Leuten, die ihre Heimat und alles verloren hatten. Auch bei uns war das Haus von unten bis oben voll von diesen heimatlosen Menschen und Kindern. Und nun stand Weihnachten vor der Tür. Von Zuckerrübenschnitzel war Sirup im Herbst gekocht worden. Diesen gab es als Brotaufstrich. Wurst und Schinken gab es auch für uns sehr wenig. Wir hatten außer unserer Gastwirtschaft auch noch eine große Landwirtschaft mit Pferden, Kühen, Schweinen und Federvieh, doch es gab damals ein hohes Ablieferungssoll und so blieb auch für uns nicht viel übrig.

Elde im Winter

Doch zu Weihnachten nahm Großmutter den Schmalztopf und den Siruptopf her und dann wurden wie alle Jahre Pfeffernüsse gebacken. Ein riesiger Haufen! Äpfel hatte uns der liebe Gott auch genug wachsen lassen und wenn es auch kein Bohnenkaffee war, eine Kanne voll »Muckefuck« (Malzkaffee) hatte Großmutter immer in der Ofenröhre. Apfelsinen, Bananen, Schokolade und was es heute nicht alles gibt, kannte ich nicht, so etwas gab es damals eben nicht. Wie gesagt, wir waren alle froh, wenn wir vor allem etwas zum Essen, was zum Anziehen und eine warme Stube hatten. Warum für mich aber trotz all dieser Not, Weihnachten 1945 das schönste Weihnachtsfest war, das kam so:

Großvater hatte aus unserem Wald einen großen, schönen Tannenbaum geholt. Dieser wurde nun Heiligabend mit allem, was noch an Kugeln, Lametta, Äpfeln und Tannenzapfen zu finden war, angeputzt. Irgendwoher hatte Mutter sogar noch richtige Tannenbaumkerzen hergezaubert. Denn ohne Kerzen ist wohl der schönste Tannenbaum kein richtiger Tannenbaum. Für die kleinen Kinder, die nun so alles verloren hatten, haben meine Mutter und ich mein Spielzeug und meine Bücher durchgesehen. So hatten wir dann für jedes Kind ein kleines Weihnachtsgeschenk gefunden. Eine von den jungen Flüchtlingsfrauen konnte wunderbar Klavier spielen. Da wir ein Klavier hatten, bat meine Mutter sie, ob sie nicht Heiligabend all die schönen Weihnachtslieder spielen könne.

149

Der Heiligabend kam. Die Kerzen am Baum wurden angezündet und langsam kamen sie alle zusammen in unserer großen Stube. Wir wünschten uns frohe Weihnachten, wir Kinder bekamen unsere Geschenke (meine Puppen hatten neue Kleider bekommen), es gab Pfeffernüsse, Äpfel und »Muckefuck«. Und dann kam das Schönste: Dann spielte die junge Frau auf dem Klavier. Ein Weihnachtslied nach dem anderen und alle, die singen konnten oder auch nicht, sangen aus vollem Herzen und voller Kehle mit. So manche Träne lief auch wohl leise die Wangen herunter. Jeder dachte an das, was er verloren hatte. Aber alle hatten sie wohl auch die große weihnachtliche Hoffnung, dass mit der Zeit die Wunden heilen würden und alles wieder besser werden möchte. Ich habe diesen Heiligabend nie vergessen können und obwohl alles besser geworden ist und wir uns heute alles kaufen können, so habe ich doch nie wieder so eine schöne, stille, friedliche und fröhliche Heilige Nacht erlebt.

Der Weihnachtsmann überreicht Geschenke.

Kalter Hund

250 g Palmfett	in einem Topf bei mäßiger Hitze zerlassen.
2 Eier	mit folgenden Zutaten nacheinander verrühren:
100 g Zucker	
1 EL Vanillezucker	
50 g Backkakao	
4 EL Milch	danach das Palmfett vorsichtig untermischen. Wer mag, kann auch
50 g gehackte Mandeln	dazugeben. Eine Kastenform mit Frischhaltefolie oder Backpapier auslegen und eine Schicht Schokocreme hineinfüllen. Nun abwechselnd mit
300 g Butterkekse	schichten, mit Schokocreme enden. Der Kuchen muss gut durchkühlen (am besten über Nacht). Zum Aufbewahren bitte in den Kühlschrank stellen.

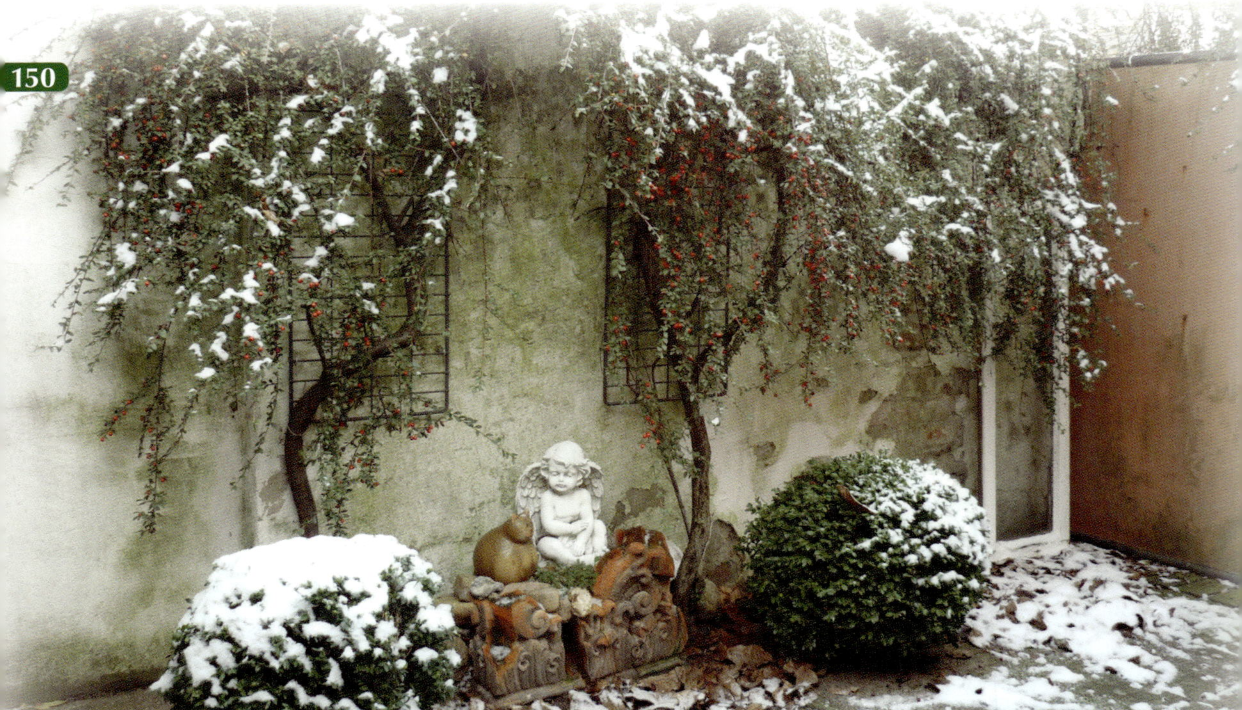

150

Engel im Schnee

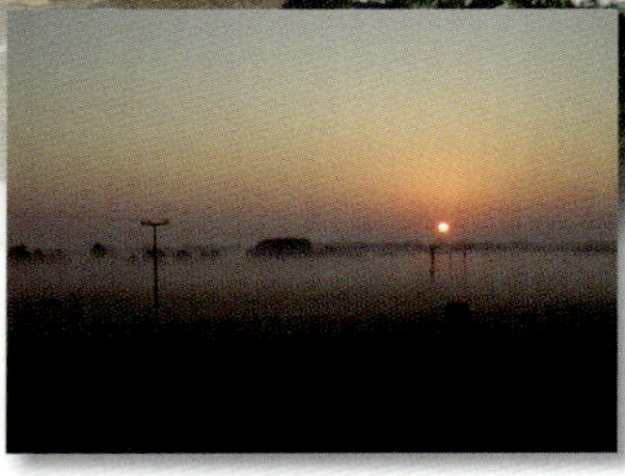

Kartoffelkrümeltorte

Von Sybille Borchert, Lübesse

75 g weiche Butter	
1 Ei	
150 g Zucker	mit
125 g geriebene Kartoffeln (kalt)	
300 g Mehl	
50 g Haferflocken	und
1 TL Vanillezucker	
1½ TL Backpulver	miteinander verkneten. Zwei Drittel des Teiges in eine gefettete Springform geben.
200 g Äpfel	grob raspeln und in der Form verteilen.
3 EL rote Marmelade (oder Preiselbeeren)	als kleine Kleckse auf dem Kuchen verteilen, den restlichen Teig mit bemehlten Händen zerkrümeln und über die Äpfel geben. Bei 180 °C backen, dann gleich mit
Butter (zerlassen)	beträufeln, mit
Zucker	bestreuen und etwa 10 Minuten im ausgeschalteten Backofen stehen lassen.

Tränendes Herz

Blühende Heide

Kekse von Tante Herta

Von Luise von Krottnaurer, Hamburg

125 g Butter	schaumig rühren.
3 Eier	
1 Pck. Vanillezucker	
250 g Zucker	unterrühren.
3 EL saure Sahne	
½ Pck. Backpulver	
500 g Mehl	mit einrühren. Den Teig dünn ausrollen, bei 140 °C etwa 10 Minuten backen.

> Wenn Sie die Plätzchen zur Hälfte rosa und zur Hälfte weiß mit Puderzuckerguss dekorieren, erhalten Sie die in Lübeck so beliebten Hanseaten.

Teehäuschen im Schlosspark Ludwigslust, im Hintergrund die Katholische Kirche

Mandarinen-Schmand-Kuchen

100 g Margarine	
1 Ei	
125 g Zucker	mit
2 EL Öl	
1 TL Backpulver	und
250 g Mehl	zu einem glatten Teig verrühren. In eine Springform (Ø 26 cm) geben, dünn verteilen und einen Rand formen, kalt stellen. Aus
500 ml Milch	
2 Pck. Vanillepuddingpulver	einen festen Pudding kochen, erkalten lassen.
200 g Mandarinen	abtropfen lassen.
150 g Zucker	und
600 g Schmand	mit dem Pudding zusammen kräftig verrühren. Die Mandarinen unter die Masse heben, in die Springform geben und bei 175 °C etwa 1 Stunde backen, auskühlen lassen.

153

Schleuse Malliß im Winter

Pferd im Schnee

Omas Quarkkuchen

Von Inge Mohn, Ludwigslust

4 Eier	
400 g Zucker	und
250 g Margarine	schaumig rühren.
1 kg Quark	
1 Pck. Vanillepuddingpulver	
8 EL Weizengrieß	sowie
2 TL Backpulver	mit unterrühren.
Zitronensaft (oder Vanillezucker)	nach Geschmack dazugeben. Den Kuchen bei 160 °C etwa 50 Minuten backen.

154

Haselnussmakronen

Von Ilse Husfeldt, Kuhstorf

4 Eiweiß	zu festem Schnee schlagen.
250 g Zucker	und
250 g geriebene Haselnüsse	vorsichtig unterrühren. Kleine Makronen formen, bei 140 °C rund 10 Minuten backen.

Morgenstimmung am Waldesrand

Quarkbällchen

30 g Margarine	
200 g Quark	und
200 g Mehl	
1 TL Backpulver	
80 g Zucker	sowie
2 Eier	und Saft und Schale von
1 Zitrone	zu einem glatten Teig verrühren.
1 l Pflanzenöl	erhitzen, Temperatur mit einem Holzlöffel kontrollieren, wenn sich kleine Bläschen bilden, ist das Fett heiß genug. Dann mit zwei Löffeln kleine Kugeln abstechen und ausbacken, mit Puderzucker bestreuen.

Oma Anna liest Geschichten.

Vase mit Mohnblumen

In den Zwölfen

In den zwölf Tagen zwischen Heiligabend und dem Dreikönigstag wurde und wird in der Griesen Gegend keine Wäsche gewaschen. Es heißt, dass ein Geist mit seinem Pferd durch die Luft reitet und dort, wo er in den Zwölfen an der Wäscheleine hängen bleiben sollte, stirbt ein Familienmitglied. Ebenso ist überliefert und auch wirklich geschehen, dass, wenn ein Erwachsener aus einem Dorf in den Zwölfen stirbt, er zwölf Dorfbewohner nach sich zieht.

Vanillekipfel

100 g gemahlene Nüsse	
210 g weiche Butter	
280 g Mehl	und
140 g Zucker	
½ TL Backpulver	sowie
1 Ei	miteinander verrühren. Ein Backblech mit Backpapier auslegen, kleine Halbmonde formen und bei 160 °C etwa 10 Minuten backen.

Altes Fachwerk

Apfelkuchen

125 g Butter	
125 g Zucker	und
3 Eier	schaumig rühren.
200 g Mehl	
2 TL Backpulver	
3 EL Milch	unterrühren und den Teig in einer Springform verteilen.
3 Äpfel	schälen, in Spalten schneiden, auf dem Kuchen verteilen. Bei 165 °C etwa 50 Minuten backen.

Teekuchen

Von Ilse Husfeldt, Kuhstorf

157

2 Eier	
250 g Zucker	und
375 g Mehl	miteinander verrühren. Den Teig ausrollen, große Kreise ausstechen und auf einem Backblech bei 140 °C backen.

Kräuterspirale in Glaisin

Rathausfenster in Ludwigslust

Quittentorte

4 Eier (Größe M)	und
100 g Zucker	sehr schaumig schlagen.
100 g Mehl	
½ TL Backpulver	vorsichtig unterheben. Den Teig in eine Springform füllen und bei 160 °C etwa 15 Minuten backen. Den Boden auskühlen lassen.
1 l kalte Sahne	steif schlagen. Zuerst etwas davon zum Dekorieren abnehmen. Die Sahne dann mit
200 g Quittengelee	sowie nach Geschmack mit
100 g Zucker	verrühren.
2 EL Gelatine	vorsichtig erhitzen und schnell unter die Creme heben. Die Masse auf dem Tortenboden verteilen und mindestens 2 Stunden kalt stellen. Mit der restlichen Schlagsahne dekorieren.

158

Verdeckte Ortsansicht

Hochzeitstorte

Rhabarber-Baisertorte

Der Rührteig

120 g Butter	
100 g Zucker	mit
1 TL Vanillezucker	
2 Eier	und
250 g Mehl	
1 TL Backpulver	nacheinander verrühren, so dass ein nicht zu flüssiger Teig entsteht. Eine Springform einfetten und den Teig darin verteilen.

Der Belag

500 g Rhabarber	klein schneiden, den Teig damit belegen und 30 Minuten bei 160 °C backen. In der Zwischenzeit
4 Eiweiß	steif schlagen und
170 g Zucker	einrieseln lassen. Den Eischnee auf dem Kuchen verteilen und kleine Spitzen ziehen. Etwa 30 Minuten weiter backen lassen. Vorsicht, der Eischnee verbrennt sehr leicht!

159

Findlinge in der Nähe von Hagenow

Libelle am Grashalm

Topfkuchen

Von Ilse Husfeldt, Kuhstorf

250 g Butter	schaumig rühren.
4 Eier	trennen. Das Eiweiß steif schlagen und beiseite stellen. Die Eigelbe zur Butter geben und mit verrühren. Dann
250 g Zucker	zufügen. Die Masse mit
500 g Mehl	
1 Pck. Backpulver	und
250 ml Milch	sowie
10 g Zitronenschale (abgerieben)	
1 Msp. Salz	nacheinander zu einem Rührteig verarbeiten. zum Schluss das Eiweiß unterheben. Bei 160 °C etwa 50 Minuten backen.

Birkenknick am Wanzeberg

Blumengeschmückte Hauswand und Katze

Zitronen-Blechkuchen

250 g Butter	
250 g Zucker	
2 TL Zitronenschale (abgerieben)	und
4 Eier	mit einem Mixer schaumig schlagen.
200 g Weizenmehl	
75 g Speisestärke	und
1 TL Backpulver	nach und nach unterrühren. Auf einem Backblech (30 x 40 cm) verteilen und im vorgeheizten Backofen bei 160 °C etwa 20 Minuten backen. Dann
250 g Puderzucker	mit
5 EL Zitronensaft	verrühren und den Kuchen damit bestreichen.

161

Anemone bei Raddenfort

Ananasbowle

1 Ananas	schälen und das Fleisch in kleine Stücke schneiden. Einige Stücke für später beiseite legen.
150 g Zucker	über die Ananas geben, Saft ziehen lassen (mindestens 1 Stunde). Dann
750 ml Sekt	und
700 ml Weißwein (trocken)	aufgießen. Mit Eiswürfeln, einigen frischen Ananasstücken und
Zitronenmelisse	servieren.

162

Ein Dachboden, der zum Verweilen einlädt.

Rosenbusch in Ludwigslust

Bockbier-Bowle

200 g Früchte nach Wahl	über Nacht in
350 ml Cognac (oder Weizenkorn)	ziehen lassen. Dann mit
750 ml Weißwein (lieblich)	und
2 l Bockbier	auffüllen.

Eierpunsch

400 ml Eierlikör	
200 ml Orangensaft	und
200 ml Apfelsaft	zusammen vorsichtig erwärmen.
Zucker, Zimt	nach Geschmack zugeben.

Heimchen

Gute Safternte

Ich liebe mein Dorf

Dort hütete ich als Kind die Gössel und sammelte die kleinen, weißen Brinkei-er, schreibt Johannes Gillhoff. Dort, zwischen den beiden dicken Tannen, sah ich Hänsel und Gretel Hand in Hand leibhaftig aus dem Walde hervorschreiten. Um jenen halbverfallenen Brunnen am Wege tanzten die jungen Geißlein und riefen: Der Wolf ist tot, der Wolf ist tot! Und gegenüber dem Heim meiner Eltern lag das alte, rauchgeschwärzte Bauernhaus, über das Potiphar den Josef setzte, und Josef saß rittlings auf dem moosbewachsenen Strohdach. Ganz vorne saß er, da wo über dem Eulenloch die Pferdeköpfe des Sachsengottes sich kreuzten, und der Wind spielte mit den blonden Locken. Er aber pfiff ein fröhliches Lied und baumelte vergnügt mit den Beinen.

Dort spielte ich mit den Kameraden Marooo, Kuhlsäg, Trünnel, Pickpahldrägen und Ball, wie es just die Jahreszeit mit sich brachte, oder die Zahl der Teilnehmer. Dort stand ich mit Fritz Gaurcke vor der leeren Kartoffelgrube, in der sich Regen-wasser gesammelt hatte, dass wir den Grund nicht sehen konnten.

»Du, Fritz, wat is dor ünner dat Water?« »Dor brukt ein gor nich wiet tau graben, denn kümmt glik de Höll, un dor kümmst du ok rin, wenn du mi nich weck von din Plummen abgiffst. De Gizigen kamen in de Höll.« So sprach er, weil er ein paar Jahre älter war und die ersten Hosen vertragen hatte. Es war keine angenehme Aussicht. Der dunkle Höllenschlund gähnte in unmittelbarer Nähe. Dazu bot der Gedanke an die Art und Weise, wie die Pflaumen in meinen Besitz gekommen waren, wenig Tröstliches. Es wollte Nacht werden vor meinen Augen. Zögernd griff ich in die Ta-sche: »Dor hest ein!« – »Ne, du hest söss, drei möst mi afgeben; de Gizigen kamen in de Höll.« Ich überlegte. Aber drei Pflaumen verlieren wegen ungewisser Höllen-schrecken, die immerhin noch etliche Spatenstiche entfernt sind, ist auch hart, und schließlich aß ich meine halbreifen Pflaumen allein.

Das ist lange her, und es ist Gras gewachsen über die alten Geschichten. Eine andere Jugend steht mit Hänsel und Gretel vor dem Zuckerhäuschen. Marooo und Trünnel spielte ich in vielen Jahren nicht mehr, und grüne Pflaumen wollen auch nicht mehr schmecken. Fritz Gaurcke ist in jungen Jahren übers Meer gezogen, weil die Hei-

Schafe in Karenz

mat ihm eigen Hüsung versagte. Irgendwo auf den Hochebenen von Dakota baut er nach harter Arbeit in Frieden seinen Kohl an, und zur goldnen Herbstzeit essen seine Kinder Pflaumen, so viel sie mögen. Und ich sitze dahier und denke an meine Heimat.

Ich liebe mein Dorf. In wendischer Hufeisenform liegt es frei und schön auf einer niedrigen Anhöhe: 24 Bauerngehöfte und mitten drin auf dem freien Platz das Schulhaus, mein Elternhaus. 17 Büdnereien und gegen 50 Häuslereien, dazu ein großer Forsthof und eine zweite Schule gruppieren sich auf der Höhe oder an ihren Abhängen um das Hufeisen, so dass die strenge Form des wendischen Rahmens anmutig gemildert wird. Mit Vergnügen schweift der Blick über das freundliche Wiesental zu den unermesslichen Tannenwäldern, die den Horizont im Norden begrenzen. Fern vom Waldrande her tönt des Wildwächters Ruf gedämpft durch den Abendfrieden. Ein leichter Hauch führt die feuchten Nebel still und lautlos durch die Niederung, und in den wallenden Nebeln taucht je zuweilen die bleiche Gestalt Herzog Heinrichs, des Pilgers auf. Der suchte Jerusalem zu kurzem Gebet und fand Kairo zu 26-jähriger Kerkerhaft. Vor sechs Jahrhunderten kam er eben noch früh genug zurück, um zu sehen, wie die Seinen am Fuß der Anhöhe die stärkste Raubfeste des Landes mit stürmender Hand nahmen. Verträumt sieht der bleiche Herzog dem Storch

165

Angie mit Trecker

nach, dann zerrinnt die schwankende Gestalt in breiten Nebelschwaden. Morgen geht der Storch an den Nil. Die Frösche der Rögnitzwiesen werden ihm zu zäh. Zum letzten Mal klappert er vom altersgrauen Strohdach herab geruhsam den Abendsegen. Über den Häusern steigt langsam der blaue Rauch auf. – Es ist ein Dorf, schlecht und recht wie tausend andere. Die Gänse gehen dort barfuss, und in trockenen Jahren geht mehr Wind unter den Kühen durch, als den Bauern lieb ist. Nur selten dringt ein verlorener Ton aus dem Glockengeläut der Zeit ins weltferne Dörflein.

Das eng umfriedete Dorfleben ist doch nicht mehr das alte. Die Wellenschläge einer neuen Zeit haben auch mein stilles Dorf berührt, und der konservative Niedersachse steuert wohlgemut in den neuen Strom hinein. Es will ein Neues werden. Die Alten sind ins Grab gestiegen, ein neu Geschlecht trägt den Kranz im Haar. Die Strohdächer fallen, die Storchennester schwinden; aber neue, feste Mauern werden aufgeführt. Verspinnt hängt der Dreschflegel an der Wand, laut und geschäftig arbeitet die Maschine. Aber ich höre, dass sie im Ringen des Alten mit dem Neuen sich selbst nicht verlieren, sondern wiss und bedächtig das Ihre schaffen, freudigen Mutes bleiben und heimatfest. Ich liebe mein Dorf.

166

Milchkanne, Conow

Forsthofensemble, Glaisin

Selbst gemachter Kirschlikör

2 kg Sauerkirschen	waschen, verlesen. Die Kirschen mit
300 g Zucker	und
1 l Sanddorngeist	in einen Weinbottich geben, durchrühren und mindestens 1 Monat ziehen lassen. Dann die Früchte entnehmen und sorgfältig entsorgen. Wer mag, kann sie natürlich noch mit Vorsicht essen!

Der Sanddorngeist harmonisiert sehr gut mit den Kirschen und verleiht dem Likör ein ganz besonderes Aroma.

167

Rhabarbersaft nach reicher Ernte

Storchennest in Glaisin

Erdbeerbowle

250 g Erdbeeren	klein schneiden. Einige Erdbeeren für später beiseite legen.
150 g Zucker	über die Erdbeeren geben, Saft ziehen lassen (mindestens 1 Stunde).
750 ml Sekt (trocken)	und
700 ml Weißwein (trocken)	aufgießen. Mit Eiswürfeln, einigen frischen Erdbeeren und
Zitronenmelisse	servieren.

Valentino

2 cl Apricot-Brandy	mit
100 ml Orangensaft	in ein Glas schichten und mit
100 ml Sekt (trocken)	auffüllen.

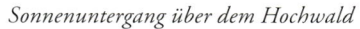

Sonnenuntergang über dem Hochwald

Holzstapel im Schnee

Rumtopf nach Omas Art

In unseren Rumtopf kommen alle Früchte aus Omas Garten. Wir beginnen im Frühjahr mit den ersten Erdbeeren, dann folgen die ersten Kirschen und im August gesellen sich Pfirsiche, Aprikosen und Pflaumen dazu, aber auch Birnen, Himbeeren und auch Johannisbeeren sind sehr schmackhaft. Erlaubt ist, was gefällt. Wichtig ist, dass alle Früchte reif aber nicht überreif, sauber und unbeschadet sind.

500 g Früchte (nach Wahl)	mit
250 g Zucker	vermischen und in den Topf geben.
Rum (nach Bedarf)	Jedes Mal, wenn Früchte dazugegeben werden, so viel aufgießen, dass er einen Finger breit über den Früchten steht. Vor dem Nachfüllen immer mit einem sauberen Löffel umrühren.

Zu Weihnachten dann den fertigen Rumtopf servieren, aber Vorsicht, die Früchte haben es in sich! Am besten eignen sich glasierte Ton- oder Porzellangefäße.

169

Strohmieten am Feldesrand

Begriffserläuterungen

Abbacken/Ausbacken	Etwas in heißem Fett schwimmend backen.
Ablöschen	Das Angießen von scharf angebratenem oder geschmortem Fleisch oder Gemüse.
Abschmecken	Eine Speise mit den Grundgewürzen Salz, Pfeffer, Zucker usw. nach eigenem Geschmack würzen.
Andünsten/Anschwitzen	Ein Lebensmittel in heißem Fett leicht rösten, ohne es zu braten. Das Lebensmittel soll nur glasig werden, z.B. Zwiebeln.
Ausbraten/Auslassen	Den Speck so lange braten, bis das Fett herausgebraten ist.
Blanchieren	Zutaten in einen Topf mit kochendem Wasser geben und kurz köcheln lassen.
Garen/Köcheln	Eine Speise sollte nicht stark kochen. Die Hitzezufuhr muss so gedrosselt werden, dass nur ein leichtes Aufsteigen von Kochblasen zu sehen ist.
Gratinieren	Das Überbacken von Speisen.
Legieren	Ist das Binden und Verfeinern von Gerichten mit Eigelb. Das Ei oder Eigelb wird mit warmer Flüssigkeit vermischt und unter ständigem Rühren in die nicht mehr kochende Speise gegeben.
Karkasse	Aus dem Französischen: Carcasse für Gerippe. Karkasse nennt man das nach dem Tranchieren meist kleinerer Tiere zurückbleibende Knochengerüst samt eventuell anhaftender Fleischreste.
Marinieren	Ist das Einlegen von Lebensmitteln in eine gewürzte Flüssigkeit, um der Speise einen besonderen Geschmack und bessere Haltbarkeit zu verleihen.
Mehlschwitze	Traditionelles Bindemittel von Suppen und Soßen (Fett zerlassen und Mehl einrühren).
Parieren	Fleisch von Fett und Sehnen befreien.
Passieren	Flüssigkeiten durch ein Sieb oder Tuch geben.
Pürieren	Ein gares Lebensmittel wird stark zerkleinert. Früher war hierfür in vielen Haushalten die »Flotte Lotte« ein beliebtes Haushaltsgerät, z.B. um Apfelmus herzustellen.
Reduzieren	Flüssigkeit fast vollständig verkochen lassen (einkochen).
Stocken lassen	Das Garen von Eiern oder Eimasse, bei mäßiger Hitze im Topf oder Wasserbad, ohne dabei das Gargut umzurühren.
Wasserbad	Ist eine Methode, um Speisen indirekt mit Hitze zu versorgen. Dabei wird der Topf mit den Speisen in einen anderen Topf mit heißem Wasser auf den Herd gestellt.
Zerlassen	Butter oder Margarine in einer Pfanne oder einem Topf bei mäßiger Hitze schmelzen, aber nicht braun werden lassen.

Maße und Gewichte

1 gestr. EL Fett	15 g	1 Liter	1000 ml / 1000 ccm
1 gestr. EL Mehl	10 g	¾ Liter	750 ml / 750 ccm
1 geh. EL Mehl	15 g	½ Liter	500 ml / 500 ccm
		⅜ Liter	375 ml / 375 ccm
1 kleine Zwiebel	30 g	¼ Liter	250 ml / 250 ccm
1 mittlere Zwiebel	50 g	⅛ Liter	125 ml / 125 ccm
1 große Zwiebel	70 g		
		1 TL	5 ml
1 kleine Kartoffel	70 g	1 EL	15 ml
1 mittlere Kartoffel	120 g	1 Schnapsglas	20 ml / 2 cl
1 große Kartoffel	180 g	1 Tasse	150 ml
½ kg	500 g		
1 kg	1000 g		

Abkürzungen

Msp.	Messerspitze
EL	Esslöffel
geh. EL	gehäufter Esslöffel
gestr. EL	gestrichener Esslöffel
TL	Teelöffel
geh. TL	gehäufter Teelöffel
gestr. TL	gestrichener Teelöffel
g	Gramm
kg	Kilogramm
ml	Milliliter
cl	Zentiliter
l	Liter
ccm	Kubikzentimeter
Pck.	Päckchen
°C	Grad Celsius
TK	Tiefkühlkost

Rezeptregister, alphabetisch

H

I

J

K

L

M

O

P

Q

R

Bildquellennachweis

S. 3: (gr) Edition Limosa GmbH; 4: (kl) Magdalena Jauert; 5: (kl) Roswitha Rabe; 6: (kl) Roswitha Rabe; 7: (gr) Forsthof (kl) Magdalena Jauert; 8: (kl) Forsthof; 9: (kl) Sylvia Mohn ; 10: (kl) Mathias Friel; 11: (gr) Forsthof (kl) Dan Kreibel; 12: (kl) Dan Kreibel; 13: (kl) Dan Kreibel; 14: (gr) Dan Kreibel (kl) Dan Kreibel; 15: (kl) Forsthof; 16: (gr) Roswitha Rabe (kl) Magdalena Jauert; 17: Roswitha Rabe; 18: (gr) Oliver Nowack (kl) Sylvia Mohn; 19: (kl) Sylvia Mohn; 20: (kl) Magdalena Jauert; 21: (gr) Magdalena Jauert (kl) Magdalena Jauert; 22: (gr) Dan Kreibel (kl) Dan Kreibel; 23: (gr) Dan Kreibel (kl) Magdalena Jauert; 24: (kl) Dan Kreibel; 25: (gr) Dan Kreibel (kl) Dan Kreibel; 26: (gr) Magdalena Jauert (kl) Magdalena Jauert; 27: (kl) Magdalena Jauert; 28: (gr) Magdalena Jauert (kl) Dan Kreibel; 29: (kl) Magdalena Jauert; 30: (gr) Dan Kreibel (kl) Magdalena Jauert; 31: (kl) Dan Kreibel; 32: (kl) Dan Kreibel; 33: (gr) Dan Kreibel; 34: (gr) Dan Kreibel (kl) Dan Kreibel; 35: (gr) Dan Kreibel (kl) Dan Kreibel; 36: (kl) Sylvia Mohn; 37: (gr) Forsthof (kl) Forsthof; 38: (gr) Oliver Nowack (kl) Magdalena Jauert; 39: (gr) Magdalena Jauert (kl) Dan Kreibel; 40: (gr) Sylvia Mohn (kl) Forsthof; 41: (kl) Mathias Friel; 42: (gr) Forsthof; 43: (kl) Stefan Krauleidis; 44: (gr) Forsthof (kl) Magdalena Jauert; 45: (gr) Dan Kreibel (kl) Roswitha Rabe; 46: (kl) Mathias Friel; 47: (gr) Oliver Nowack; 48: (gr) Magdalena Jauert (kl) Mathias Friel; 49: (gr) Magdalena Jauert (kl) Dan Kreibel; 50: (gr) Dan Kreibel (kl) Dan Kreibel; 51: (gr) Forsthof (kl) Magdalena Jauert; 52: (gr) Magdalena Jauert (kl) Dan Kreibel; 53: (gr) Dan Kreibel (kl) Reiner Erdmann; 54: (kl) Magdalena Jauert; 55: (gr) Mathias Friel (kl) Magdalena Jauert; 56: (gr) Magdalena Jauert; 57: (kl) Dan Kreibel;

58: (gr) Magdalena Jauert (kl) Forsthof; 59: (gr) Magdalena Jauert (kl) Dan Kreibel; 60: (kl) Forsthof; 61: (gr) Forsthof (kl) Forsthof; 62: (gr) Mathias Friel (kl) Forsthof; 63: (gr) Dan Kreibel (kl) Dan Kreibel; 64: (gr) Magdalena Jauert (kl) Dan Kreibel; 65: (gr) Magdalena Jauert (kl) Dan Kreibel; 66: (gr) Forsthof; 67: (kl) Sylvia Mohn; 68: (kl) Dan Kreibel; 69: (gr) Dan Kreibel (kl) Magdalena Jauert; 70: (gr) Roswitha Rabe (kl) Dan Kreibel; 71: (gr) Roswitha Rabe (kl) Magdalena Jauert; 72: (gr) Forsthof (kl) Dan Kreibel; 73: (kl) Dan Kreibel; 74: (kl) Reiner Erdmann; 74/75: (gr) Reiner Erdmann; 75: (kl) Forsthof; 76: (gr) Dan Kreibel (kl) Magdalena Jauert; 77: (gr) Sylvia Mohn (kl) Dan Kreibel; 78: (gr) Denissen Landwirtschafts GmbH; 79: (kl) Magdalena Jauert; 80: (gr) Forsthof (kl) Dan Kreibel; 81: (gr) Magdalena Jauert (kl) Dan Kreibel; 82: (gr) Magdalena Jauert (kl) Magdalena Jauert; 83: (gr) Oliver Nowack (kl) Forsthof; 84: (gr) Dan Kreibel (kl) Magdalena Jauert; 85: (gr) Stefan Krauleidis (kl) Magdalena Jauert; 86: (gr) Sylvia Mohn (kl) Magdalena Jauert; 87: (gr) Dan Kreibel (kl) Forsthof; 88: (gr) Dan Kreibel; 89: (kl) Sarina Koch; 90: (kl) Mathias Friel; 91: (gr) Dan Kreibel (kl) Dan Kreibel; 92: (kl) Dan Kreibel; 93: (gr) Dan Kreibel; 94: (kl) Dan Kreibel; 95: (gr) Dan Kreibel (kl) Magdalena Jauert; 96: (gr) Roswitha Rabe (kl) Forsthof; 97: (gr) Mathias Friel (kl) Dan Kreibel; 98: (kl) Mathias Friel; 99: (gr) Sylvia Mohn (kl) Magdalena Jauert; 100: (gr) Forsthof (kl) Forsthof; 101: (gr) Magdalena Jauert (kl) Magdalena Jauert; 102: (kl) Dan Kreibel; 103: (gr) Stefan Krauleidis; 104: (gr) Magdalena Jauert (kl) Magdalena Jauert; 105: (gr) Forsthof (kl) Magdalena Jauert; 106: (gr) Roswitha Rabe; 107: (kl) Magdalena Jauert; 108: (kl) Dan Kreibel; 109: (gr) Dan Kreibel (kl) Dan Kreibel; 110: (gr) Mathias Friel; 111: (kl) Dan Kreibel; 112: (kl) Mathias Friel; 113: (gr) Forsthof; 114: (gr) Roswitha Rabe (kl) Roswitha Rabe; 115: (gr) Dan Kreibel (kl) Magdalena Jauert; 116: (gr) Forsthof (kl) Magdalena Jauert; 117: (gr) Dan Kreibel (kl) Magdalena Jauert; 118: (gr) Dan Kreibel (kl) Magdalena Jauert; 119: (gr) Stefan Krauleidis (kl) Forsthof; 120: (gr) Heruth & Wegert (kl) Reiner Erdmann; 121: (gr) Dan Kreibel (kl) Magdalena Jauert; 122: (gr) Roswitha Rabe (kl) Beatrice Kruse; 123: (gr) Magdalena Jauert (kl) Magdalena Jauert; 124: (gr) Stefan Krauleidis (kl) Magdalena Jauert; 125: (gr) Magdalena Jauert (kl) Magdalena Jauert; 126: (kl) Stefan Krauleidis; 127: (gr) Forsthof (kl) Magdalena Jauert; 128: (gr) Sylvia Mohn (kl) Roswitha Rabe; 129: (gr) Forsthof (kl) Mathias Friel; 130: (kl) Magdalena Jauert; 131: (gr) Magdalena Jauert (kl) Dan Kreibel; 132: (gr) Reiner Erdmann (kl) Magdalena Jauert; 133: (gr) Magdalena Jauert (kl) Magdalena Jauert; 134: (gr) Magdalena Jauert (kl) Kirchgemeinde Alt Jabel; 135: (gr) Dan Kreibel (kl) Magdalena Jauert; 136: (gr) Magdalena Jauert (kl) Magdalena Jauert; 137: (gr) Dan Kreibel (kl) Dan Kreibel; 138: (gr) Dan Kreibel (kl) Forsthof; 139: (gr) Magdalena Jauert (kl) Dan Kreibel; 140: (kl) Dan Kreibel; 140/141: Magdalena Jauert; 141: (kl) Dan Kreibel; 142: (kl) Magdalena Jauert; 143: (gr) Dan Kreibel (kl) Reiner Erdmann; 144: (kl) Dan Kreibel; 144/145: Magdalena Jauert; 145: (kl) Oliver Nowack; 146: (gr) Dan Kreibel (kl) Roswitha Rabe; 147: (kl) Magdalena Jauert; 148: (gr) Dan Kreibel; 149: (kl) Beatrice Kruse; 150: (gr) Magdalena Jauert (kl) Magdalena Jauert; 151: (gr) Magdalena Jauert (kl) Magdalena Jauert; 152: (kl) Dan Kreibel; 152/153: Dan Kreibel; 153: (kl) Magdalena Jauert; 154: (kl) Dan Kreibel; 155: (gr) Forsthof (kl) Roswitha Rabe; 156: (kl) Magdalena Jauert; 156/157: Forsthof; 157: (kl) Magdalena Jauert; 158: (gr) Dan Kreibel (kl) Forsthof; 159: (gr) Magdalena Jauert (kl) Dan Kreibel; 160: (kl) Magdalena Jauert; 160/161: Dan Kreibel; 161: (kl) Dan Kreibel; 162: (gr) Stefan Krauleidis (kl) Magdalena Jauert; 163: (gr) Magdalena Jauert (kl) Magdalena Jauert; 164: (kl) Dan Kreibel; 165: (gr) Sylvia Mohn; 166: (gr) Forsthof (kl) Reiner Erdmann; 167: (gr) Magdalena Jauert (kl) Forsthof; 168: (kl) Magdalena Jauert; 168/169: Magdalena Jauert

Buchumschlag vorn: M. Magdalena Jauert; o-li.: Magdalena Jauert; o-M.: Forsthof; o-re.: Dan Kreibel; u-li.: Dan Kreibel; u-M.: Forsthof; u-re.: Dan Kreibel
Buchumschlag hinten: o-li.: Magdalena Jauert; o-M.: Dan Kreibel; o-re: Magdalena Jauert; u-li.: Forsthof; u-M.: Sylvia Mohn; u-re.: Magdalena Jauert